A DOENÇA MENTAL (DES)CULPADA:

UM MODELO DE AVALIAÇÃO DA RESPONSABILIDADE CRIMINAL

CRISTINA MARIA COSTA COELHO

A DOENÇA MENTAL (DES)CULPADA:

UM MODELO DE AVALIAÇÃO DA RESPONSABILIDADE CRIMINAL

Dissertação de candidatura ao grau de Mestre em Psiquiatria e Saúde Mental, apresentada à Faculdade de Medicina da Universidade do Porto, sob orientação do Prof. Doutor António Pacheco Palha.

ALMEDINA

A DOENÇA MENTAL (DES)CULPADA:
UM MODELO DE AVALIAÇÃO DA RESPONSABILIDADE CRIMINAL

AUTORA
CRISTINA MARIA COSTA COELHO

EDITOR
EDIÇÕES ALMEDINA, SA
Avenida Fernão de Magalhães, n.º 584, 5.º Andar
3000-174 Coimbra
Tel: 239 851 904
Fax: 239 851 901
www.almedina.net
editora@almedina.net

PRÉ-IMPRESSÃO • IMPRESSÃO • ACABAMENTO
G.C. GRÁFICA DE COIMBRA, LDA.
Palheira – Assafarge
3001-453 Coimbra
producao@graficadecoimbra.pt

Julho, 2007

DEPÓSITO LEGAL
260619/07

Os dados e as opiniões inseridos na presente publicação
são da exclusiva responsabilidade do(s) seu(s) autor(es).

Toda a reprodução desta obra, por fotocópia ou outro qualquer processo,
sem prévia autorização escrita do Editor,
é ilícita e passível de procedimento judicial contra o infractor.

Aos meus pais… ao Pedro, Mafalda e Manuel…

AGRADECIMENTOS

A todos aqueles que directa ou indirectamente colaboraram comigo neste trabalho, e correndo o inevitável risco de omissão, não posso deixar de agradecer:

À Direcção Geral dos Serviços Prisionais – Ministério da Justiça, pela autorização concedida para recolha de dados junto do Estabelecimento Prisional de Santa Cruz do Bispo.

Ao Director, Dr. Jorge Morais e todos os seus colaboradores, pelo acolhimento, disponibilidade imediata e facilitação no acesso à informação.

Ao Serviço de Vigilância da Clínica de Psiquiatria e Saúde Mental de Santa Cruz do Bispo, pela abertura, acolhimento e esforço inigualável.

A todos os reclusos e inimputáveis que se encontram no Estabelecimento Prisional de Santa Cruz do Bispo.

A todos os colegas do Departamento de Psiquiatria e Saúde Mental do Hospital de S. João, pelo apoio demonstrado.

À Ana Raquel pelo apoio permanente.

À Susana Cunha pela amizade e disponibilidade.

Ao laboratório farmacêutico Grunenthal (Euro-Labor, Sa – Serviços de Documentação), os quais possibilitaram o acesso gratuito a inúmera documentação bibliográfica.

Um agradecimento especial:

Ao Professor Doutor António Pacheco Palha, pelo apoio e confiança.

Ao Professor Doutor Fernando Barbosa, pela amizade e disponibilidade.

PREFÁCIO

O convite que a autora me fez para prefaciar este livro é uma consequência lógica de ter sido o orientador da investigação que está na sua base e que constituiu a tese de mestrado em Psiquiatria e Saúde Mental que foi apresentada e aprovada por um júri universitário.

O problema da avaliação da responsabilidade criminal em psiquiatria forense é um dos aspectos mais importantes que esta área da psiquiatria enfrenta, dada não só a complexidade desse processo clínico--psicológico, mas também dada a importância que a mesma encerra para uma esclarecida e justa decisão judicial.

Como é salientado na primeira parte deste livro que diz respeito à revisão técnica do tema, Portugal começou com um certo atraso a formulação e discussão de um pensamento médico-forense, que veio apenas a emergir de um modo claro a partir da revolução liberal de 1820, sobretudo com José Ferreira Borges que publicou o primeiro livro sobre a matéria no nosso país em 1832 – "Instituição de Medicina Forense".

No presente livro é feita uma revisão rápida, mas precisa, das principais marcas da evolução da psiquiatria forense, com claros apontamentos sobre aspectos legislativos gerais, como as leis relativas à Psiquiatria e Saúde Mental e à abordagem jurídico-penal da doença mental.

Para tornar mais interessante e mais esclarecedor o seu texto, apresenta uma revisão sucinta e elucidativa da "Avaliação Psicoforense no Brasil", bem como faz a apresentação breve dos sistemas de Justiça Anglo Saxónicos e Nórdicos, onde é enfatizada a questão central da Responsabilidade Criminal e da situação particular da Pessoa com Doença Mental.

Antes de entrar na parte experimental, que é constituída pela sua contribuição pessoal para o estudo da avaliação da responsabilidade criminal dos doentes mentais em Portugal, elabora um capítulo síntese onde são tratados comparativamente os vários modelos de Responsabilidade Criminal e suas implicações para o caso português.

De facto é interessante notar que em Portugal ainda não existe um modelo definido e claro para se proceder à avaliação da imputabilidade atenuada e inimputabilidade, o que não significa que não haja a regulamentação pelo Código Penal da aplicação de medidas punitivas e ressocializadoras.

Assim sendo está em aberto a necessidade de se estudar e discutir tais modelos, tendo em vista, no futuro, o colmatar desta insuficiência na área da avaliação da responsabilidade criminal.

Na segunda parte a autora apresenta o estudo que levou a cabo, já referido, nos seus aspectos metodológicos e experimentais, apresentando os resultados da cuidada análise estatística efectuada. Este trabalho tem no fundo uma preocupação/objectivo essencial – tentar propor um modelo de avaliação psicoforense de responsabilidade criminal, adaptado com particular atenção à realidade portuguesa, a partir da análise e discussão dos modelos mais seguidos noutros países, aliás já anteriormente referidos.

É assim pesquisada numa abordagem exploratória com metodologia quantitativa a validade de um modelo que é proposto, consubstanciado no instrumento R-CRAS (*Rogers Criminal Responsibility Assessment Scales*), e que é aplicado a dois grupos de reclusos, um dos quais se encontrava a cumprir medida de segurança de internamento e outro pena de prisão efectiva no Estabelecimento Prisional de Santa Cruz do Bispo.

O estudo apresentado neste livro tem um grande interesse prático no campo da avaliação da responsabilidade de comportamentos criminais, representando um passo em frente, pois aponta claramente para a necessidade de se continuar a produzir trabalho de qualidade nesta área crucial do corpo da Justiça, com vista a uma maior equidade de julgamento.

O que temos lido e visto nos últimos anos através dos meios de comunicação social é de uma apreciável confusão na avaliação e no peso dado por diferentes personalidades, com maior ou menor com-

Prefácio

petência nesta área, a vários comportamentos criminais. É pois necessário avançar na uniformização das práticas e metodologias da avaliação psicoforense da responsabilidade criminal no enquadramento jurídico português.

Como orientador que fui da pesquisa vertida neste livro, aconselho os leitores a uma atenta análise do conteúdo do mesmo e faço votos para que se continue a pesquisar neste domínio em Portugal e que a Mestre Cristina Coelho não esmoreça no seu labor de procura e de acção cívica.

Porto, Maio de 2007

ANTÓNIO PACHECO PALHA

RESUMO

O presente trabalho de investigação teve como objectivo o estudo exploratório dos modelos de avaliação da Responsabilidade Criminal, conduzindo à selecção de um modelo de avaliação psicoforense alternativo às práticas comuns observadas na realidade portuguesa e que, por sua vez, pudesse sustentar um estudo de natureza diferencial. Nesse estudo, dois grupos de reclusos de um estabelecimento prisional da área metropolitana do Porto, um a cumprir pena efectiva de prisão – imputáveis – e outro a cumprir medida de segurança de internamento – inimputáveis em razão de anomalia psíquica – foram reavaliados à luz do referido modelo com o propósito de verificar se a aplicação de critérios e procedimentos nele sistematizados conduziria a decisões diferentes sobre a responsabilidade criminal.

Para esse efeito, ambos os grupos foram submetidos a um protocolo de entrevista clínica semi-estruturada, com vista à recolha de dados sócio-demográficos e jurídico-penais e ao controlo de variáveis estranhas ao estudo. De seguida, procedeu-se à administração do *Rogers Criminal Responsability Assessment Scales* (R-CRAS) – versão traduzida e adaptada para a língua Portuguesa – enquanto dispositivo que permitiu operacionalizar os critérios decisionais e as práticas do modelo de avaliação psicoforense seleccionado.

Os resultados deste estudo exploratório sugerem que utilizando este modelo estruturado de avaliação da responsabilidade criminal, seis dos indivíduos da nossa amostra considerados inimputáveis, apesar de terem doença mental, poderiam ter sido responsabilizados criminalmente pelos ilícitos cometidos. No grupo de indivíduos que se encontram a cumprir pena de prisão, surge um subgrupo de 12 indivíduos que carecem de eventual intervenção especial, visto indiciarem problemas de saúde mental, pese embora que tais problemas não são susceptíveis de os ilibarem da responsabilidade criminal. Estes resultados ilustram o interesse da adopção e aplicação de modelos metodológicos mais sistematizados na avaliação psicoforense.

. PARTE I .

ENQUADRAMENTO TEÓRICO-CONCEPTUAL

I.

Introdução ao estudo e seu fundamento

Em Portugal, a evolução do pensamento médico-forense acompanhou em traços gerais o que se passou nos países mais desenvolvidos da Europa, mas de maneira muito lenta. Desta forma, Portugal manteve-se num atraso marcado no que respeita às questões da Medicina Legal, quase até finais do Século XIX.

Os progressos só se tornaram mais visíveis após a Revolução Liberal de 1820.

Em 1832, José Ferreira Borges publicou "Instituições de Medicina Forense", o primeiro livro sobre a matéria escrito por um Jurista Português, figura conhecida da Revolução Liberal (Morgado e Santos-Costa, 2003).

Só a partir da década de 70 desse mesmo Século surge um incremento de livros e publicações forenses incluindo temas psiquiátricos, incremento esse que se torna progressivo nas duas décadas seguintes.

Em 1889, António Sena, consegue a promulgação da 1.ª Lei sobre os Doentes Mentais (Lei Sena), na qual pela primeira vez se considera o problema dos doentes criminosos, com a criação de anexos psiquiátricos nas cadeias.

Miguel Bombarda publica inúmeros relatórios periciais defendendo, em nome da ciência, a irresponsabilidade criminal dos doentes.

A intervenção crescente da Psiquiatria, levantou polémica nos Tribunais, nomeadamente no momento em que os médicos passaram a produzir mais diagnósticos como *loucura ou degenerescência moral, monomanias, etc.*, de difícil aceitação quer pelos Tribunais, quer pela opinião pública, chocada com o diagnóstico de doença mental aplicada a pessoas que tinham praticado crimes graves e para as quais defendia duras penas.

Júlio de Matos teve uma influência especial e duradoura, quer no seu percurso de docência, quer na colaboração com Lombroso e com psiquiatras italianos. Em (1884) chegou a prefaciar a *Criminologia de Garofalo* para a edição Portuguesa.

No Manual de Doenças Mentais (1884), Júlio de Matos, critica a noção de responsabilidade e livre arbítrio, defendendo o seu estudo segundo métodos positivos e experimentais. Advogava também um novo regime positivo que remodelasse as instituições judiciais, criando uma magistratura especial, educada no estudo positivo e naturalista do criminoso (Morgado e Santos-Costa, 2003).

Em 1852, ano da aprovação do primeiro Código Penal Português (CPP), é também o ano da regulamentação do Hospital de Rilhafoles (actual Hospital Miguel Bombarda), o primeiro Hospital Psiquiátrico criado com a intenção da aplicação em Portugal de uma versão da Lei de Reforma Hospitalar Francesa (de Esquirol). O certo é que só mais tarde a questão da *alienação mental*, na sua relação com a prática de actos criminais, viria a constituir matéria de verdadeira importância.

A escola criminológica Italiana e as teses lombrosianas tiveram uma influência decisiva, já que compreendiam o delinquente como o resultado de um determinismo não só biológico, mas também psicológico e social, entendendo-o como um doente que necessitava de tratamento psiquiátrico (valorizando o homem delinquente e a prevenção da sua *perigosidade,* mais do que o crime ou a própria punição). Os seus postulados viriam a influenciar decisivamente o pensamento jurídico-penal da época, e certas dessas influências têm-se mantido até aos nossos dias, sendo que a problemática da *perigosidade* acabaria por vir a ganhar uma importância particular. Merecem aqui referência especial:

- A Lei de 3 de Abril de 1896 (*Obrigatoriedade do exame médico--legal em todas as situações em que o crime ou delito tenha sido praticado por indivíduo supostamente alienado*);
- A Carta de Lei de 17 de Agosto de 1899 (*Definidora das perícias médico-legais*); e
- As Instruções Regulamentares de 8 de Fevereiro de 1900 (Cujo capítulo I, Secção I, tratava exclusivamente dos chama-

dos "Exames de Alienação Mental", que tinham como objectivo a reunião de todos os factos e dados que indicassem doença).

Como podemos verificar, a relação entre a perturbação mental e comportamentos criminais tem sido, ao longo dos tempos, complexa e controversa. Actualmente, embora a natureza e extensão da relação entre perturbação mental e crime permaneça ainda por definir, parece existir um consenso emergente no sentido de considerar a importância desta interrelação para a definição de conceitos e procedimentos uniformes de abordagem desta realidade.

Essa associação é, desde há séculos, contemplada na legislação da maioria dos países. Também em Portugal verificamos a referida associação no Código Penal, nomeadamente nos artigos 20.º (Inimputabilidade em razão de anomalia psíquica), 90.º e seguintes (Medidas de Segurança de Internamento), assim como no CPP, concretamente no n.º 2 do artigo 202.º (Medidas de Coacção – Prisão Preventiva) e artigos 83 a 90 constantes do Cap. V (Pena Relativamente Indeterminada).

No ponto 5 do CPP (Parte Geral), podemos ler: "Não se desconhece que, amiúde, a fronteira entre o imputável e o inimputável é extremamente difícil de traçar. Daí a urgência da adopção de um critério que rigorosamente seriasse as várias hipóteses pela aferição das quais o agente da infracção pudesse ser considerado imputável ou inimputável. Neste horizonte, o diploma faz apelo a um critério biopsicológico integrado por componentes de nítido matiz axiológico, é dizer, *a comprovada incapacidade do agente para ser influenciado pelas penas* (art. 20).

Em suma, a psiquiatria e a psicologia têm conseguido alcançar importantes vitórias no conhecimento em domínios tais como, a predição da delinquência adulta e juvenil, a predição dos comportamentos violentos e da perigosidade, a predição da reincidência no crime, a relação entre doença mental e crime, a responsabilidade criminal, entre outros. Toda uma panóplia de estudos fazem-nos hoje crer que o comportamento anti-social em geral, e a criminalidade em particular, se transformaram em objectos acessíveis à investigação, avaliação e intervenção psicológicas (Gonçalves e col., 1999).

Contudo, importa referir que esta síntese de conhecimentos tem sido objecto de alguma resistência por parte do domínio jurídico-

-legal, já que nem sempre é claro o benefício que daí pode advir, sobretudo quando estes agentes se confrontam com alguma falta de objectividade por parte dos técnicos psicoforenses que actuam nesta área. Na realidade, os Psiquiatras e Psicólogos são frequentemente hábeis e eficazes em predizer e diagnosticar comportamentos envolvendo pessoas em situações genéricas e hipotéticas, quando ao Juiz interessa uma informação concreta, sobre uma situação e uma pessoa em particular, com vista a uma tomada de decisão fundamentada (id.). Surgem então, de modo mais ou menos imediato, um conjunto de questões éticas e deontológicas que devem estar presentes na mente de qualquer profissional que concorre para a aplicação da justiça, e do técnico psicoforense em particular, devendo este profissional estar informado sobre os conceitos e operações do sistema em que exerce a sua prática. Por isso, torna-se cada vez mais imperioso conceber modelos de avaliação da responsabilidade criminal, permitindo uma actuação concertada e uniforme neste domínio.

Com vista à recolha de elementos relativos à abordagem jurídico-penal da doença mental, especialmente em termos de avaliação psicoforense da responsabilidade criminal em casos de suspeita de anomalia psíquica, procedeu-se à análise documental de alguns dos modelos utilizados quer na Europa, quer nos Estados Unidos.

Assim, com este estudo pretendeu-se sistematizar vários modelos de avaliação da responsabilidade criminal, dando uma visão de possibilidades alternativas de abordagem à doença mental no contexto forense nacional.

De facto, no nosso país, a avaliação psicoforense carece de bases mais consistentes e metodologias concertadas, já que se pratica uma avaliação meramente casuística e idiossincrática.

Este estudo, acima de tudo, pretende explorar a possibilidade de, a avaliação da responsabilidade criminal poder ser efectuada "desta" e não "daquela" maneira, os mesmos indivíduos poderiam estar a cumprir medidas diferentes pelos actos ilícitos cometidos, ou poderiam mesmo estar em liberdade, sujeitos a um acompanhamento e tratamento específicos para a sua situação em concreto.

Procurando ir um pouco mais além da análise exploratória de modelos, pretendeu-se ainda propor e ensaiar um modelo de avaliação da responsabilidade criminal que obedecesse a critérios melhor explicitados, assim como a parâmetros de maior estruturação e uniformidade, de modo a que se instituísse como um dispositivo facilitador da tomada de decisão dos peritos psicoforenses quando confrontados com arguidos eventualmente portadores de doença mental e, simultaneamente, garantisse aos doentes mentais que cometem crimes uma avaliação menos arbitrária da sua "(des)culpa mental".

II.

Avaliação Psicoforense, Saúde Mental e Responsabilidade Criminal – abordagem histórica e transcultural

1. Questões Éticas na Avaliação Psicoforense

Sem prejuízo do significado mais amplo que a deontologia tem ou teve, como parte da filosofia (conhecimento do dever ou do que deve ser) ou, em relação à ontologia (conhecimento do ser), a *deontologia* é hoje comummente entendida como *a ética das profissões*. Relativamente a este aspecto, como ética aplicada ao comportamento profissional, teve a sua origem na medicina e desenvolveu-se em torno das grandes profissões liberais clássicas – medicina e advocacia (Portillo & Mezquita, 1993).

Contudo, nem todas as actividades e nem todas as profissões colocam problemas éticos semelhantes, quer em quantidade, quer em qualidade e gravidade. As questões surgem mais ampliadas à medida que determinada actividade profissional trata directamente com o ser humano e na medida em que a profissão se exerce com maior autonomia.

Como explicam Portillo e Mezquita (id.) a reflexão para construir a deontologia de uma profissão exige, por um lado, a conjugação de razões suficientes para obter um consenso sobre os valores ou princípios inspiradores da actuação profissional (o *ethos* específico da profissão), que podem expressar-se como normas de carácter geral e, por outro lado, a conjugação de razões suficientes para justificar uma conduta singular mediante um problema ético concreto na actuação profissional.

A prática forense coloca questões delicadas e específicas, dado que intercruza a actuação das ciências humanas e a aplicação da justiça.

Tal como já foi anteriormente referido, a avaliação da Responsabilidade Criminal deve ser o resultado de um processo de integração de múltiplas fontes de informação, tendo em atenção a consistência da recolha dos dados. Ao começar pela entrevista clínica, o técnico psicoforense (Psicólogo ou Psiquiatra no enquadramento legal português) começa por formular algumas hipóteses que serão posteriormente testadas e reavaliadas. Este processo engloba a avaliação psicológica, a recolha de informação junto do processo judicial do arguido, do seu processo clínico e/ou hospitalar (no caso de existir), e dados fornecidos pela família ou outras pessoas de referência.

É importante referir que o papel do Psicólogo Forense na avaliação remonta há décadas. Contudo só recentemente passou a assumir uma postura mais proeminente, quando foi integrado em todas as matérias referentes aos processos judiciais além das matérias criminais, nomeadamente nos processos de divórcio, nos tribunais de família e mesmo em questões ligadas à execução das penas ou às medidas de segurança (Ackerman, 1999).

O Código de Ética da APA (*American Psychological Association*), nomeadamente a partir de 1992, dedica um capítulo específico à prática forense (Shapiro, 1999) já que o código anterior era quase omisso e com definições muito vagas nesse domínio. Posteriormente seguiram-se outras actualizações específicas no seio da prática forense, datando a última de 1998, referindo-se especificamente à protecção infantil (Ackerman, 1999).

Também em Dezembro de 1991, o Jornal *Law and Human Behavior* publicou linhas de orientação deontológica específicas para os Psicólogos Forenses. Algumas destas linhas de conduta foram posteriormente incorporadas no Código da APA de 1992.

É no código de conduta de 1992, que engloba alguns aspectos ou princípios que consideramos de especial importância para o exercício da prática forense, especialmente nas avaliações da Responsabilidade Criminal, que nos vamos deter, passando a descrever os aspectos considerados relevantes:

– Princípio da competência

O Psicólogo deve ter conhecimento das suas competências particulares e identificar os limites do seu saber. Pode existir a tentação de se sobrevalorizar, já que se defronta com um sistema judicial que lhe pode ser adverso. Assim, é importante que o Psicólogo, na prestação deste tipo de serviços, utilize unicamente as técnicas que domina e para as quais se encontra qualificado através da sua formação, treino e experiência (Shapiro, 1999).

– Princípio da integridade

– Princípio da responsabilidade profissional e científica

Com vista a evitar relações nocivas e inadequadas, sugere-se que o Psicólogo clarifique o seu papel e obrigações profissionais (id.). No contexto forense, é frequente a confusão entre terapeuta e "examinador" forense.

– Princípio da responsabilidade social

Existe uma declaração que postula que o Psicólogo deve evitar que o seu trabalho seja usado indevidamente (id.). Isto significa que, na prática forense, com frequência os dados psicológicos são usados pelo "procurador" ou advogados na defesa das suas teses, por vezes contrárias ao interesse da pessoa observada. Deste modo, os Psicólogos encontram-se em constante dilema relativamente aos dados que devem ou não fornecer.

Na prática Anglo-Saxónica, existem alguns aspectos que importam ter em consideração quando se articulam as duas partes (saúde e justiça).

Existe uma relação potencial de conflito entre ética e lei pelo que o Psicólogo deve dar conhecimento ao Tribunal do compromisso com o seu código de ética.

No que se refere às relações profissionais e científicas, os serviços do Psicólogo efectuam-se apenas em contexto de uma relação profissional ou científica definida, e a secção forense do código de ética deve ser sempre referenciada.

Relativamente aos limites da competência do Psicólogo, este código aconselha a que se use de razoabilidade nas áreas que não se encontrem bem definidas e que são ainda emergentes (e.g. memórias reprimidas).

A descrição da natureza e resultados da observação psicológica, deverá proporcionar informação antecipada e apropriada acerca desses serviços, bem como informação detalhada em relação aos resultados e conclusões – por exemplo, a existência de um consentimento informado na avaliação forense, especialmente na avaliação da responsabilidade criminal, bem como a necessidade de informar o arguido da natureza da avaliação, da falta de confidencialidade desta e a quem se destina, são aspectos importantes deste consentimento no decurso do processo.

Importa ainda deixar claro que se a avaliação é solicitada pelo Tribunal, não existem privilégios e a avaliação deverá ser revelada às diversas partes envolvidas (i.e. juiz, advogado de defesa e procurador); trata-se de uma situação complexa e o técnico que está a efectuar a avaliação forense deve conhecer bem a lei que regulamenta a sua prática para que possa incorporar essa informação no consentimento informado (id.).

Tal como foi anteriormente referido, o Psicólogo não deve participar numa actividade, se suspeita que as suas competências, ou dados recolhidos poderão ser objecto de má utilização; mais importante ainda, se detecta que os dados recolhidos foram mal interpretados ou utilizados, deve adoptar rapidamente atitudes de forma a corrigir ou minimizar essa inadequação; este facto pode tornar-se problemático no desempenho da avaliação da responsabilidade criminal.

O Psicólogo deve permanecer atento e sensibilizado para o facto de manter uma distância crítica em relação ao arguido, já que esta é uma relação com o objectivo único de avaliação da responsabilidade criminal, e não uma relação terapêutica com a subsequente continuidade do acompanhamento e ajuda pessoal. Efectivamente quando a avaliação é feita apenas com objectivo diagnóstico, com vista à orientação para o tratamento adequado, a mistura de papéis é permitida, embora seja rara, dado que habitualmente o advogado de defesa solicita o parecer do perito psicoforense. Os Psicólogos e Psiquiatras Forenses devem informar o advogado que um diagnóstico efectuado como parte de um programa de tratamento não representa o mesmo que a emissão de um parecer enquanto perito num procedimento legal, e que a solicitação da ida ao tribunal de um terapeuta enquanto perito não deve efectuar-se.

Enquadramento Teórico-conceptual

O quadro que se segue permite clarificar as diferenças de intervenção nas relações psicoterapêutica e forense:

QUADRO 1

Diferenças no relacionamento entre intervenção terapêutica e avaliação forense

(Adaptado de Ackerman, 1999)

	Intervenção terapêutica	Avaliação Forense
1. De quem é o utente, cliente?	Do técnico de saúde mental	Do advogado; do Tribunal
2. Qual é o privilégio relacional que permite a revelação no relacionamento?	O terapeuta tem um conhecimento privilegiado do paciente	É privilegiado o produto final do trabalho do advogado na relação com o cliente
3. Qual é o cenário cognitivo e a atitude de avaliação de cada perito?	De suporte, de aceitação e empática	Neutro, objectivo e distanciado
4. Em que diferem as áreas de competência de cada perito?	Técnicas terapêuticas para tratamento da perturbação	Técnicas de avaliação forense relevantes para as exigências ou solicitação legal
5. Qual a natureza das hipóteses testadas pelo perito?	Critérios de diagnóstico com fim terapêutico	Critérios psicolegais com fins legais
6. Que tipo de exame ou avaliação é efectuada em relação à informação utilizada no processo, e qual o papel da verdade histórica?	Essencialmente baseada na informação que é prestada pela pessoa que se encontra em tratamento, o terapeuta avalia minimamente a informação fornecida	A informação fornecida pelo utente é complementada através de recursos colaterais e avaliada minuciosamente pelo examinador e pelo tribunal
7. Quem estrutura e controla o relacionamento?	A relação é estruturada pelo paciente, mas relativamente menos estruturada que na avaliação forense	A relação é estruturada pelo examinador e relativamente mais estruturada que na psicoterapia
8. Qual a natureza e grau de "adversidade" no relacionamento?	Trata-se de um relacionamento de ajuda que raramente é adverso	Trata-se de um relacionamento de avaliação, que pode ser frequentemente adverso
9. Qual é o objectivo do profissional na relação?	O Terapeuta esforça-se por ajudar o paciente através do relacionamento terapêutico	O avaliador tenta defender os resultados e implicações da avaliação, para benefício do tribunal
10. Qual é o impacto na relação, do julgamento crítico do perito?	A base do relacionamento é a aliança terapêutica, e o julgamento crítico provavelmente causará sérios danos emocionais	A base do relacionamento é a avaliação, e é improvável que o julgamento crítico cause algum tipo de dano emocional

Segundo Shapiro (1999) existem alguns aspectos ético-deontológicos a cuidar na avaliação da responsabilidade criminal. Assim, se o Psicólogo, que tem um doente em acompanhamento psicoterapêutico e prevê que os seus registos e relatórios poderão ser usados em posterior procedimento legal ele tem a responsabilidade de criar e manter a documentação com a qualidade e o detalhe que seria de esperar se este serviço lhe fosse solicitado directamente. Esta situação é importante já que estes registos serão utilizados quer pelo Tribunal, quer pelos advogados ou peritos psicoforenses. Assim, os registos deverão ser o mais detalhado possível, e a natureza dos fundamentos em que se baseiam as conclusões ou relatórios, claramente especificadas.

Saber lidar com a avaliação, diagnóstico e intervenção em contexto profissional, é especialmente relevante na avaliação da responsabilidade criminal. É também uma das partes importantes do código de ética dos Psicólogos (APA), já que nas versões anteriores não existia nenhuma secção específica que referisse a necessidade da existência de dados adequados nos quais se baseassem as conclusões.

Outro dos aspectos relevantes a ter em consideração, é a existência de competência técnica e utilização adequada quer da avaliação, quer da intervenção. Deve promover-se o uso adequado de técnicas de avaliação, entrevista clínica, testes ou outros instrumentos, com vista a consecução dos objectivos finais num processo de avaliação da responsabilidade criminal. Infelizmente por vezes acontece que os Psicólogos efectuam interpretações "selvagens" de certos testes psicológicos e chegam mesmo a utilizar material inadequado (não validado para aquela população, não estandardizado,...) no contexto psicoforense. Esta situação pode levar não só a distorções, mas à aplicação inadequada e imperceptível dos significados do resultado de um teste.

O técnico psicoforense deve ter um cuidado extremo na forma como relata a informação, para que esta não seja utilizada nem citada pela defesa de maneira inadequada, eventualmente pervertendo o sentido das conclusões.

Na área legal, o técnico psicoforense, em especial se for psicólogo, deve ser cuidadoso, no sentido de evitar as dificuldades ou "armadilhas" que lhe possam surgir e que possam vir a comprometer a peritagem. É importante por um lado evitar potenciais conflitos ao nível da actuação (como é indicado no Quadro 1) e, por outro, evitar provocar consequências iatrogénicas. O técnico é, para além disso, responsável por assegurar uma recolha de dados apropriada, obter consentimento informado de todos os participantes na avaliação e respeitar a confidencialidade da informação recolhida. Tem também o dever de de prevenir ou proteger potenciais vítimas e manter a integridade dos testes e da informação recolhida através destes (Ackerman, 1999).

Segundo Ackerman (id.), no que diz respeito especificamente ao consentimento informado, parece importante referir que o Psicólogo (segundo as normas da APA) é eticamente obrigado a informar os participantes dos seguintes aspectos:

- natureza e objectivos da avaliação no início desta;
- extensão da avaliação;
- custo da avaliação;
- duração da avaliação vai durar;
- honorários da avaliação (se não é o utente que paga a avaliação, deve ser informado quem é a entidade pagadora e que tipo de relação estabelece com o avaliador);
- destinatário do relatório e modo como será utilizada a informação nele contida;
- conceito de confidencialidade e de que forma como se aplica aos resultados obtidos na avaliação;
- o dever de prevenir ou proteger também se aplica.

Segundo Gonçalves e colaboradores (1999), é claro o contributo dos Psicólogos para o aprofundamento e resposta a questões imanentes dos vários domínios em que a psicologia e a Justiça se entrecruzam no plano nacional. Ainda de acordo com os mesmos autores, é também notório que se passou de meras análises teóricas ou circunstanciais para reflexões mais profundas e investigações consequentes. Aos Psicólogos que trabalham no sistema jurídico-penal português assiste a dupla tarefa de se afirmarem pelas qualidades intrínsecas do seu trabalho, e por uma postura ética que os salvaguarde, sem contudo lhes embotar a iniciativa; é reconfortante ver que tal desafio começa a ter as devidas respostas (id.).

2. A Avaliação Psicoforense em Portugal

2.1. Evolução Histórica

DEFINIÇÕES E CONCEITOS

A psiquiatria forense apresenta-se como um ramo da psiquiatria que se relaciona directamente com a lei. É uma ciência de carácter médico-legal que se organiza a partir da psiquiatria e da jurisprudência. A psiquiatria forense é uma ciência auxiliar do direito (Polónio, 1975).

Antes de mais, importa clarificar e definir alguns conceitos importantes para se perceber as modificações que foram acontecendo no decorrer do tempo. São eles os conceitos de psiquiatria, psiquiatria forense e jurisprudência.

Para Polónio (1975), psiquiatria é uma especialidade médica, uma ciência empírica que se orienta para a cura. Interessa-se pelo tratamento e recuperação do indivíduo mentalmente doente. Para Fernandes da Fonseca (1987) a psiquiatria não é só uma ciência biomédica, mas também uma ciência histórico-cultural, já que a doença tem sido considerada para além de um "facto médico", também um "facto social".

A psiquiatria forense engloba um conjunto de conhecimentos dentro do campo da psiquiatria, que têm a ver com as normas estabelecidas nos diferentes âmbitos da sociedade. Para Fonseca (1987) é o estudo científico dos casos psiquiátricos que têm a ver com os tribunais, sendo que o termo forense se refere à elaboração de uma argumentação fundamentada e deriva da palavra *fórum* que durante o Império Romano era o local onde se encontravam localizados os tribunais, além de aí se desenrolarem os discursos públicos ou debates. O mesmo autor considera ainda que a psiquiatria forense, dados os contributos de outras ciências como a psicologia, a antropologia e a sociologia, tem um campo de acção tão amplo e abrangente, que lhe permite ser hoje uma ciência tão autonomizada da medicina legal como a psiquiatria o constitui da medicina (ibidem).

A definição de psiquiatria forense nasce da confluência de vários princípios:

a) defesa da segurança pública contra a possível agressividade do doente;

b) defesa do próprio doente, tanto no plano físico, pelo risco de auto-agressão, como no plano material, para não ser espoliado dos seus bens;

c) tratamento da doença.

O objectivo é o de tratar o doente que transgride normas e leis e prevenir a repetição dessa transgressão. Surge como a primeira "sub especialidade" da própria ciência psiquiátrica, muito embora os conceitos de doença mental estivessem (e continuam a estar) longe de ser coincidentes.

Para Dias Cordeiro (2003) cada vez mais as ciências médicas e forenses se reclamam de um papel humanista e preventivo. O exercício ético desta sub-especialidade deve começar por uma atitude rigorosamente neutra, sem qualquer tipo de preconceito alegadamente moral, religioso ou racial. Na prática, esta atitude corresponde a uma total disponibilidade para aceitar de forma equidistante a responsabilidade criminal ou a ausência dela. O importante passa a ser o sujeito da acção e não acção em si mesma, sendo a perspectiva humanista e ética que cada vez mais impregna a psiquiatria forense (ibidem).

A jurisprudência[1] é uma ciência normativa, baseada em princípios axiomáticos e valorativos; é produto de precedentes legais e de leis de evidência. Define *o dever ser* e procura estabelecer normas gerais que se ajustem aos costumes, protegendo a sociedade "castigando" o indivíduo que prevarica.

Tecnicamente, jurisprudência significa "a ciência da Lei". A obediência à jurisprudência é habitual dos países que seguem a tradição do Direito Anglo-Saxónico, exemplo do sistema jurídico Inglês e Americano. Contudo, é menos frequente nos países que seguem a tradição Romana, como é o caso de Portugal, do Brasil e de Espanha, entre outros.

---

[1] Do Latim: *juris prudentia* – termo latino com diversos significados. O mais comum refere-se à aplicação de estudo de casos jurídicos na tomada de decisões judiciais

Nos sistemas jurídicos de tradição Romana, o juiz tem que julgar unicamente de acordo com a lei e a sua consciência. Pelo contrário, a psiquiatria baseia-se num raciocínio do tipo indutivo, partindo de casos mais específicos para mais amplos ("lei baseada em casos"). Tem-se verificado ao longo do tempo, que o entendimento entre estas duas ciências não tem sido pacífico. Consideraram-se alguns aspectos que diferenciam estas duas ciências, nomeadamente, enquanto o objecto de preocupação dos profissionais de saúde mental é o de atender ao bem-estar psicológico destes doentes, o sistema legal focaliza-se nos seus direitos e deveres (Santos-Costa e Pereira, 2003).

Segundo Dias Cordeiro (2003), apesar da comunicação entre a jurisprudência, ciência valorativa axiomática, e a psiquiatria, ciência voltada para a prevenção e tratamento das doenças, nem sempre ser fácil, tendencialmente o juiz atende à opinião dos peritos. Esta dificuldade comunicacional deveu-se, no passado, a uma certa desconfiança por parte do sistema jurídico em relação à psiquiatria, pelo facto de existir a ideia de se tratar de uma ciência pouco exacta; deveu-se também ao facto de se utilizarem os mesmos termos para designar, para juristas e psiquiatras, situações e patologias diferentes (ibidem). Por exemplo, para os juristas *psicopatia* e *demência* designavam praticamente toda a patologia mental, enquanto que para a psiquiatria tratam-se de conceitos bem definidos e diferenciados.

Procurando efectuar um enquadramento do aparecimento e evolução conceptual, debruçar-nos-emos seguidamente sobre alguns aspectos do desenvolvimento histórico da psiquiatria forense, focalizando com especial relevo a situação portuguesa.

RESENHA HISTÓRICA

Só nos últimos duzentos anos a psiquiatria passou a fazer parte da medicina como especialidade, mas desde o início dos tempos que o homem se preocupa com o conhecimento do seu mundo interior, do seu comportamento psicológico, da constatação da existência de doenças susceptíveis de lhe alterarem a mente e de lhe desintegrarem o pensar. Fonseca (1987), relata a doença mental como um fenómeno sagrado ou demoníaco; a perda da razão como castigo ou privilégio criativo e bizarro, consequência de influxo sideral ou simples alteração orgânica...; a doença psíquica integra-se, assim, na própria história do homem e da sua intrinsequidade existencial.

A psiquiatria forense teve origem na Grécia Antiga. Aristóteles (384-322 A.C.) deu um contributo importante na antecipação da psiquiatria forense, pois defendia que um acto só pode ser atribuído ao seu autor (imputado), se este possuísse uma noção exacta da natureza e do alcance do acto. Pressupõe, para aceitar a imputabilidade, a razão, o discernimento e o poder de agir segundo as noções morais. Neste sentido, não seriam imputáveis *"as crianças, os animais, os idiotas, os loucos e os possessos por força divina"*. Ficava assim instituído o princípio da *Liberdade da Vontade*, definido por Aristóteles (citado por Polónio, 1975).

É no Direito Romano que a psiquiatria forense adquire grande desenvolvimento, uma vez que se estabeleceu uma jurisprudência adequada e sistematizada. O Direito Romano, no parecer de Fonseca (1987), poderá ter sido um dos primeiros no que respeita ao estabelecimento de normas jurídicas à *pessoa*, ao reconhecer as suas capacidades de uma consciência moral e de uma responsabilidade. Por exemplo, ficou definido na Lei Romana a existência de estados patológicos mentais, sendo-lhes atribuído um estatuto próprio, sem grau de culpabilidade. Os delitos praticados pelos doentes mentais não lhes eram imputados, excepto quando estes eram executados em *"intervalla, sensu saniore"*, isto é, no que hoje denominamos como intervalos lúcidos. Para a jurisprudência romana o facto dos doentes sofrerem com a sua doença era, por si só, castigo suficiente, constituindo a sua loucura uma circunstância atenuante (Polónio, 1975).

Na Idade Média a concepção de doença mental sofre um retrocesso em todo o sistema de compreensibilidade dos fenómenos. Na época, predominavam as ideias místicas e ocultas, retornando-se assim aos primórdios da Antiguidade, onde a medicina aparecia impregnada de magia e do sobrenatural, ficando os tratamentos ao cuidado da Igreja.

Com o Renascimento, dá-se uma viragem na maneira como é encarada a doença mental e o doente mental (louco, insano). Embora no início desta época, as ideias que prevaleciam fossem de feitiçaria, a partir do séc. XIV, começam a aparecer instituições para doentes mentais, em especial na Europa (Espanha), devido à presença e influência Árabe.

Com o eclodir do Humanismo, a noção de feitiçaria praticamente desaparece, passando-se a valorizar a experiência clínica e a descrição dos doentes. É de salientar a actuação do português, João Cidade (S. João de Deus), natural de Montemor-o-Novo, que dedicou a sua vida aos loucos, minorando-lhes o sofrimento, cuidando deles como criaturas humanas dignas de piedade e não de castigo (Dias Cordeiro, 2002).

O criminoso "louco" começa definitivamente a ser perspectivado como um doente. Acaba a pena de morte para doentes mentais. As reformas políticas e sociais em França, no final do séc. XVIII, devidas à revolução francesa, influenciaram Phillipe Pinel (1745-1826), para que se desse o facto de maior relevo da história da psiquiatria – a libertação dos loucos e o reconhecimento de um direito – o de ser doente. Pinel libertou vários doentes do asilo de Bicêtre, que permaneciam encarcerados há muitos anos, separou os doentes dos criminosos, iniciou um tipo de tratamento moral e social, apelando à desinstitucionalização, aproximou os doentes da comunidade, facilitando a sua integração, nomeadamente através do desempenho de tarefas, criou e desenvolveu ideias médicas, humanitárias e judiciais (Figueiredo Dias, 1984; Mannheim, 1984; Dias Cordeiro, 2003).

É também a Pinel que se deve a introdução dos conceitos de liberdade e de moral no contexto da doença mental. Inicia-se, assim, uma verdadeira luta pela organização dos direitos humanos e das garantias que protegessem os doentes mentais. Esquirol (1772-1840), aluno e discípulo de Pinel, foi o principal responsável pela publicação da Lei de Reforma Hospitalar em França (1838), que preconizava o primórdio da protecção dos indivíduos que perdiam a razão. Postulavam-se duas condições fundamentais para a publicação e aprovação desta lei, nomeadamente a protecção da sociedade, por um lado, e a defesa dos "direitos inalienáveis do cidadão", cujo comportamento só deveria ser considerado responsável quando traduzisse a expressão da sua lucidez de consciência e a integridade da sua vontade, por outro (Fonseca, 1987).

Segundo Santos-Costa (2003), através do reconhecimento legal da irresponsabilidade dos alienados (doentes mentais), passa a ser aceite que não haveria crime nem delito, quando o indivíduo se encontrasse em demência ou obrigado perante uma força à qual não podia resistir.

Em Portugal, os asilos de alienados passam a ser substituídos por hospitais psiquiátricos. Ao conceito de hospital psiquiátrico corresponde a primeira regulamentação e definição médico-jurídica das doenças mentais. Fonseca (1987), salienta que esse regulamento foi codificado em três princípios fundamentais: 1) a defesa da segurança pública contra a possível agressividade do doente; 2) a defesa do próprio doente, tanto no plano físico, pelo risco de auto-agressão, como no plano material, para não ser espoliado dos seus bens; 3) o tratamento da doença. Este foi o primeiro grande passo, depois da Revolução Francesa, no sentido do nascimento da psiquiatria forense.

Nomes como Esquirol e a doutrina das monomanias homicidas, a qual considerava o crime como sinal e sintoma da doença mental, residindo aqui a explicação psiquiátrica do fenómeno; Morel que defendia o aspecto da hereditariedade e degenerescência nas doenças do foro mental, tendo publicado o "Tratado das Degenerescências Físicas, Intelectuais e Morais da Espécie Humana" (1857), influenciaram consideravelmente a evolução da psiquiatria forense no mundo.

Com influência determinante no nosso país, segue-se a Escola Criminológica Italiana, surgindo a Criminologia como uma ciência causal explicativa, que relacionava o estudo do cérebro e da mente com o crime. Além da psiquiatria, várias outras ciências contribuíram para a criminologia, desde a antropologia, a psicologia, a sociologia e o direito penal. De salientar, de entre a escola italiana, Beccaria, cujo tratado escrito em 1704 abordava com profundidade vários problemas médico-legais e teve grande influência na época, pois a tradução efectuada por Voltaire deu ainda maior relevo à importância dos assuntos abordados.

Algumas décadas volvidas, Lavater, autor de "Fragmentos Fisionómicos" (1775), pretendeu diferenciar o criminoso a partir de traços específicos do rosto. Na mesma esteira, Gall (1819-1862) escreveu a obra "Craneoscopia" e começa a destacar-se a Escola Frenológica, a qual defendia que existiam sinais identificadores do delinquente na configuração exterior do crânio. César Lombroso (1836-1909), para muitos o fundador da Criminologia, compreendia o delinquente como o resultado de um determinismo não só biológico, mas também psicológico e social. As suas principais obras, "Génio e Loucura" (1864) e "O Criminoso Nato" (1876), apresentam uma concepção antropológica do crime. As suas ideias originais favoreceram discussões acesas, permitindo a possibilidade de acreditar numa aproximação entre criminoso e alienado. Lombroso releva a questão do tratamento e, consequentemente, a prevenção da perigosidade, remetendo assim para segundo plano quer o tipo de crime cometido quer a sua punição (Figueiredo Dias, 1984; Mannheim, 1984; Santos-Costa, 2003).

Mais tarde, dois nomes, discípulos de Lombroso, destacam-se como fundadores da escola positivista italiana, Ferri (1856-1929) com a sua obra "A Sociologia Criminal" (1881), que contrapôs as condicionantes sociológicas, e Garófalo que escreveu "A Criminologia" (1881) e deu ênfase ao elemento psicológico na criminologia.

Com Lacassaigne (1885), dá-se o início da Sociologia Criminal e só em 1901 aparece o primeiro tratado de psiquiatria forense, da autoria de Hoche (Figueiredo Dias, 1984; Mannheim, 1984).

Em suma, podemos afirmar que o direito e a psiquiatria do séc. XX desenvolveram todo um percurso onde está patente a valorização do homem que comete o acto ilícito, em detrimento da mera constatação do acto criminal em si. Consequentemente, criou-se uma nova visão na forma de encarar o crime e o actor criminal.

EVOLUÇÃO HISTÓRICA EM PORTUGAL

A primeira legislação portuguesa de natureza penal em que se faz alguma referência à possível distinção entre criminoso e doente mental surge nas primeiras Ordenações Afonsinas, publicadas no séc. XV (1446-1448), por D. Afonso V. É nesta legislação que surge em Portugal, pela primeira vez, a noção de imputabilidade, assim referida por Silveira: "se achar que disse mal com bebedice ou sendo desmemoriado ou sandeu deve-o escarmentar de palavra, sem outra pena, pois que o fez estando desapoderado do seu entendimento" (cit. em Dias Cordeiro, 2003). Interessa acrescentar que as Ordenações Afonsinas eram uma compilação das leis emitidas pelo Rei, e eram influenciadas pelo direito romano e direito canónico. Seguiram-se as Ordenações Manuelinas, por D. Manuel em 1521, e por fim as Ordenações Filipinas, publicadas por D. Filipe em 1603. Todas as Ordenações abordavam as mesmas temáticas contidas nas primeiras (Fonseca, 1987).

Em 1789, Melo Freire, grande jurista da época, elaborou um projecto do Código de Direito Criminal do qual sobressaíam as ideias de Beccaria e dos Iluministas em geral. Mas só veio a ser impresso em 1823, após a Revolução Liberal de 1820, devido a fortes críticas no sentido de poder constituir uma espécie de compromisso com os Princípios da Revolução Francesa. Em 1832 é publicado por José Ferreira Borges, jurista português, o primeiro livro a abordar as questões da medicina e do direito, intitulado "Instituições de Medicina Forense". De salientar o facto do seu autor ter sido um liberal exilado em Londres, o que contribuiu para que tenha tido contacto com pessoas e realidades diferentes das que se viviam em Portugal, nomeadamente, assistiu a aulas de jurisprudência médica com Gordon Smith, frequentou um curso de Frenologia com o Spurzheim, citou autores como Fodéré e Esquirol, utilizou a classificação das doenças e desenvolveu considerações legais sobre as mesmas, incluindo as doenças dissimuladas (Santos-Costa e Pereira, 2003).

O Século XIX foi o século dos grandes alienistas, das primeiras nosografias psiquiátricas, da difusão de sociedades médicas, da publicação de tratados e ensaios de natureza clínica e terapêutica (Sena, 2003). A situação dos alienados em Portugal na segunda metade do Século XIX era indescritível. Em 1836, Clemente Bizarro chamava pela primeira vez, e de forma pública, a atenção para a situação dos *"desassisados portugueses"* (ibidem). Falava-se então de "loucos encerrados em insalubres, pavorosos e acanhados recintos". Mais tarde, em 1844, o médico portuense Bernardino António Gomes publicou um conjunto de reflexões sobre os hospitais de alienados que havia visitado na Europa, fazendo também um "desabafo" em relação à situação portuguesa.

Em 1848 é inaugurado o Hospital de Rilhafoles (actual Miguel Bombarda) e regulamentado quatro anos depois, em 1852 (Fonseca, 1987). Este hospital foi criado pelo Marechal Saldanha com o intuito da aplicação de uma versão da Lei da Reforma Hospitalar francesa, e tornou-se, assim, o primeiro hospital psiquiátrico do país.

Neste mesmo ano, foi publicado o primeiro Código Penal Português, embora sem qualquer referência ao doente mental. Ou seja, a legislação não diferenciava o doente mental criminoso do vulgar criminoso.

38 *A Doença Mental (des)culpada*

Em 1855 surge publicado o "Tratado Elementar de Medicina Legal" pelo médico Furtado Galvão, também ele um liberal outrora exilado. Fundamentalmente, o livro analisava e considerava obras estrangeiras da mesma matéria, realçando aspectos particulares e importantes contributos que alguns médicos portugueses deram para a Medicina Legal durante os sécs. XVII e XVIII (Santos-Costa e Pereira, 2003).

Surge o segundo hospital psiquiátrico em 1883 – o Hospital Conde Ferreira – e três anos após, em 1886, é publicada a revisão do primeiro Código Penal onde se fazia já referência à doença mental: art. 26.º – "Somente podem ser criminosos os indivíduos que tenham a necessária inteligência e liberdade". Considerava-se o homem dotado de livre arbítrio; de liberdade psicológica da vontade. Ainda de referir o art. 42.º onde consta que não se podem imputar " (...) os loucos que não tenham intervalos lúcidos", nem, pelo art. 43.º, "os loucos que, embora tenham intervalos lúcidos, praticarem o facto no estado de loucura". Por conseguinte, estavam aqui patentes os conceitos da não imputabilidade absoluta ou imputabilidade relativa. De acrescentar o estabelecido pelo art. 47.º, que previa o internamento dos loucos delinquentes em manicómios, assim como o destino a dar aos doentes inimputáveis perigosos: "os loucos, isentos de responsabilidade criminal serão entregues às suas famílias para os guardarem, ou recolhidos em hospitais para alienados se a mania for criminosa ou se o seu estado o exigir para maior segurança" (citado por Santos-Costa e Pereira, 2003). É, assim, identificado pela primeira vez o conceito de imputabilidade, tendo a preocupação de separar o doente do criminoso/delinquente, e proceder ao seu tratamento.

A 4 de Julho de 1889 é aprovada a "Lei Sena", sendo esta a primeira lei com características nacionais de assistência a alienados em Portugal. Esta nova lei veio permitir a construção de diversos estabelecimentos para alienados, ao nível do país inteiro. O hospital de Rilhafoles passa a asilo psiquiátrico e é criado um fundo de beneficência público dos alienados. Também se prevê a construção de enfermarias junto das prisões centrais, de forma a se poder tratar os doentes mentais que cometiam crimes – os então designados *alienados indigentes e criminosos.*

Esta lei tem o nome do primeiro psiquiatra português, António Maria de Sena (1845-1890), professor em Coimbra, e surge devido à sua consciencialização no que respeita ao estado em que se encontrava a assistência aos alienados, situação descrita em "Os Alienados em Portugal" (1884), recentemente reeditado (2003). Sena criou um laboratório para o estudo do Sistema Nervoso Central no Hospital Conde Ferreira, abordou o problema dos doentes criminosos, criando anexos psiquiátricos nas cadeias e foi, assim, um dos grandes pioneiros da assistência psiquiátrica e da saúde mental em Portugal. Em concordância com vários dos autores consultados, podemos afirmar que a Lei Sena foi, verdadeiramente, a primeira Lei de Saúde Mental em Portugal (Gomes, 1999; Sena, 2003).

Em 3 de Abril de 1896 sai a primeira legislação a determinar a obrigatoriedade de exames médico-legais e, uma Carta de Lei de 17 de Agosto de 1899, tratou objectivamente da organização das perícias médico-legais, ficando o país dividido em três jurisdições, em cujas sedes tinham assento os Conselhos Médico-Legais de Lisboa, Porto e Coimbra. Em 8 de Fevereiro de 1900 é publicado o Decreto de Instruções Regulamentares, cujo teor assenta essencialmente nos Exames de Alienação Mental, com o objectivo de reunir todos os factos e dados que indicassem doença: o desenvolvimento de tais factos bastava para afirmar um estado de alienação mental no momento do exame e do crime e, sendo possível, depois da enumeração dos sintomas, a caracterização científica da forma mórbida em causa (citado por Santos-Costa e Pereira, 2003).

O Código de Processo Penal é publicado em 1929, e em 30 de Maio de 1945 é publicada a Lei n.º 2006, na qual é decretado o tipo de assistência psiquiátrica a prestar aos doentes com anomalia psíquica, nomeadamente ao nível profiláctico, terapêutico e de reabilitação.

Em 5 de Junho de 1954 surge o Decreto-Lei 39688 que trata dos delinquentes inimputáveis, onde pela primeira vez se coloca a questão da perigosidade em razão de anomalia mental, anterior à condenação ou sobrevinda após esta, *mormente* em razão da tendência para a perpetração de actos de violência tendo como resultado o internamento em Manicómio Criminal, ou seja, nos anexos psiquiátricos dos estabelecimentos prisionais (Santos-Costa e Pereira, 2003).

Na Lei n.º 2118, de 3 de Abril de 1963, Lei de Saúde Mental que até há bem pouco tempo estava em vigor entre nós, destaca-se a criação do Instituto de Saúde Mental, que foi funcionalmente dividido em três zonas: Norte, Centro e Sul (com sede respectivamente no Porto, Coimbra e Lisboa). Vislumbrou-se, desta forma, uma reorganização dos serviços de saúde mental em Portugal no que respeitava à assistência psiquiátrica, partindo de princípios comuns à psiquiatria comunitária e psiquiatria de sector, apesar de não se ter verificado de imediato a sua aplicação prática.

O Código Penal de 1982 teve por base o princípio fundamental de que toda a pena exigia como suporte axiológico-normativo uma culpa concreta, o que remetia para a imputabilidade do agente. Da reforma deste Código Penal em 1995, surge o Código Penal Revisto que trouxe alterações importantes e específicas em relação às medidas de segurança de internamento (Leal-Henriques e Santos, 1987). No parecer de Figueiredo Dias (1984), estes ajustamentos legislativos surgiram da necessidade de assegurar uma satisfação cabal das exigências jurídico-constitucionais da legalidade e proporcionalidade.

Em 29 de Setembro de 1986 foi publicado o Decreto-lei n.º 326/86 que veio contribuir para uma realização mais rápida e eficaz dos exames periciais quando requisitados. Até essa altura, a realização dos exames médico-legais efectuava-se de forma dispersa e desordenada. Os processos arrastavam-se no tempo, por vezes indefinidamente. O principal objectivo deste decreto prendia-se com a questão de combater o prejudicial atraso na resposta dos processos judiciais em matéria penal, cujos exames médico-forenses às faculdades mentais do indivíduo fossem solicitados.

A 24 de Julho de 1998 foi publicada a Lei n.º 36/98, Lei de Saúde Mental, que entrou em vigor no dia 25 de Janeiro de 1999. Dela consta, essencialmente, o internamento compulsivo do portador de anomalia psíquica, lacuna que era importante colmatar.

Em jeito de resumo, de entre as personalidades que mais se destacaram na psiquiatria forense em Portugal, temos Miguel Bombarda, Júlio de Matos, Sobral Cid e Barahona Fernandes, entre outros. Essas personalidades defenderam e protagonizaram modelos reformadores que se caracterizavam pela intervenção do Estado no domínio da assistência pública, da saúde em geral e da psiquiatria em particular, da legislação social e assistencial e da racionalização dos dispositivos específicos de "gestão dos desvios" (Santos-Costa e Pereira, 2003).

Em Portugal, a preocupação em distinguir o criminoso do doente mental reporta-se ao séc. XV, mais precisamente às Ordenações Afonsinas. Desde essa altura que se desenvolve um esforço comum, da medicina e do direito, no sentido de dar uma oportunidade ao doente mental para ser tratado, em vez de punido. Hoje, o Estado desempenha um importante papel no que concerne à assistência, reintegração social e defesa dos direitos dos nossos doentes.

Com vista a explanar de forma detalhada conceitos e abordagens actuais da doença mental no âmbito da justiça penal, fazendo a distinção entre aqueles que são ou não criminalmente responsáveis pelos ilícitos que praticam, passaremos no ponto seguinte a definir a responsabilidade criminal e conceitos adjacentes, segundo o sistema jurídico-penal português.

2.2. Noção de Responsabilidade Criminal e conceitos afins

"O perito que intervém em questões de responsabilidade legal deve ser, antes de tudo, um homem com experiência e experimentado na sua especialidade. E a essa experiência clínica terá que acrescentar ainda ao perito o conhecimento do espírito da lei e das suas modalidades. Importa, pois, um conhecimento pormenorizado da psicopatologia e uma vivência socioclínica diária".

HENRI CLAUDE, 1933

DEFINIÇÕES E CONCEITOS

Segundo Carneiro dos Santos (1996), o termo responsabilidade parte de um conceito filosófico que abarca o conhecimento do Bem e do Mal, e permite uma avaliação ética das leis fundamentais da sociedade e faculta ao homem a capacidade de escolher livremente, e ao executar a escolha, traduzi-la em actos. Segundo o Filósofo Francês Blondel, citado pelo mesmo autor, responsabilidade é assim a solidariedade do indivíduo com os seus actos.

No nosso país, a aplicação aos indivíduos portadores de doenças ou anomalias mentais dos preceitos legais relativos à responsabilidade dos actos cometidos, serve-se de conceitos jurídicos como imputabilidade, imputabilidade diminuída, imputabilidade relativa e inimputabilidade e compete ao técnico psicoforense pronunciar-se sobre a sua aplicação (Polónio, 1975).

No que respeita à sua ligação com o sistema jurídico, as ciências psicoforenses, em termos gerais, podem subdividir-se em duas grandes áreas. A primeira, diz respeito aos aspectos ligados à regulamentação legal da prática, nomeadamente aspectos da lei constitucional, estatutária e reguladora, definindo-a nas questões éticas que se podem levantar: o consentimento para exame e/ou avaliação, o tratamento voluntário, o tratamento involuntário, a negligência profissional, a confidencialidade e sigilo profissional, entre muitas outras. A segunda tem que ver com o facto de a intervenção se dirigir a questões legais e para finalidades legais. Toda a intervenção efectuada tem em conta as finalidades do sistema legal e não as necessidades terapêuticas do doente.

Deste modo, a prática psicoforense difere significativamente das práticas da psicologia e da psiquiatria em geral. Fonseca (1987) complementa esta afirmação ao considerar que a psiquiatria apresenta duas vertentes científicas, a ciência médica e a ciência social. E justifica esta afirmação pelo facto do objectivo da psiquiatria – a doença psíquica – tanto poder ser considerado num processo médico (por anomalia biológica), como num processo social. Este é um exemplo de como as ciências humanas não podem ser consideradas ciências exactas, dadas as diferentes vertentes que abrangem.

A responsabilidade criminal, ocorre apenas na presença de um determinado estado mental que torne possível efectuar um juízo de censura. Deste modo, um acto socialmente nocivo não representa só por si um critério de crime. Existem duas componentes centrais num delito criminal: um comportamento voluntário e uma intencionalidade criminal.

Para que um indivíduo execute determinado acto voluntário, Fonseca (1987) entende que se devem manter íntegros os princípios que o definem como pessoa. Isto é, que a sua personalidade, a sua razão, a sua consciência e a sua vontade estejam efectivamente íntegras. O autor salienta que o conceito de imputabilidade impôs-se nas ciências médicas e no direito como sendo a capacidade de compreender e de querer, tendo-lhe sido atribuído um valor de postulado, ou princípio axiomático, e acrescentado mais um conceito – o de responsabilidade. Seguindo esta linha de pensamento, Fonseca (1987) designa a imputabilidade como a carga intencional que um determinado indivíduo põe nos actos que pratica, considerando-a o principal vector da responsabilidade. Esta, enquanto conceito jurídico, refere-se, à relação que se estabelece entre o autor de um acto e o Estado.

O conceito de imputabilidade está também estreitamente ligado ao de liberdade, livre arbítrio ou capacidade de decisão do indivíduo. Pressupõe a possibilidade de escolher em liberdade e a possibilidade de intervenção sobre o real. Cada indivíduo apresenta-se simultaneamente como sujeito e objecto de deveres e de direitos, e pressupõe o exercício da sua responsabilidade (Dias Cordeiro, 2003). No entanto a liberdade está, e estará sempre, limitada às normas e regras sociais, à cultura, bem como ao código genético e aos impulsos, aos sonhos e às vontades que se manifestam ao nível da personalidade. Numa perspectiva sistémica, entre o organismo biológico, o indivíduo, como ser único e com a sua personalidade, os valores culturais que lhe são transmitidos e o grupo social onde se insere, existe um dinamismo permanente, uma complexa interacção que nos lembra que o tal indivíduo não existe isolado. Assim, existe sempre um certo grau de condicionamento no momento da escolha e da decisão a tomar, uma vez que aceitar a liberdade humana é apenas admitir a possibilidade da escolha e não a possibilidade de actos sem causa, que nesse caso estariam completamente fora do controlo (Polónio, 1975).

Muitas vezes, o comportamento do indivíduo pode ser determinado, quer por impulsos ligados à sua personalidade, quer por interferência da organização social, ou ainda pela interferência descompensadora destes dois grupos de factores.

Como atrás foi referido, a intenção corresponde ao movimento do sujeito para os objectos do mundo. Este movimento é orientado pelos impulsos bem como pela vontade, sendo assim um esforço mental que incita à acção.

Segundo polónio (1975), a psicologia tem-se dedicado muito activamente ao estudo da decisão, a esclarecer se o homem é ou não capaz de proceder a uma escolha, e de determinar o seu comportamento futuro, o que equivale a estabelecer, como a lei o exige, se a pessoa é capaz de apreciar o carácter permitido ou proibido dos seus actos, e de determinar a sua vontade em função das valorizações que fizer.

O homem de vontade torna-se ao mesmo tempo o sujeito e o responsável da sua conduta. Existem perturbações que se incluem na patologia da vontade e que interferem na livre decisão do sujeito. Segundo Polónio (id.), a actividade voluntária entra facilmente em oposição com a actividade impulsiva e com a actividade instintiva. O poder da vontade é um dado imediato da consciência.

Sabemos e observamos diariamente que a fronteira entre o imputável e o inimputável é extremamente difícil de traçar. Daí a urgência da adopção de um critério que rigorosamente seriasse as várias hipóteses pela aferição das quais o agente da infracção pudesse ser considerado imputável ou inimputável.

Neste horizonte, a revisão de 2005 do Código Penal aprovado em DL n.º 400/82 de 23 de Setembro, que entrou em vigor a 1 de Outubro de 2005, faz apelo a um critério "biopsicológico integrado por componentes de nítido carácter axiológico, referindo, a comprovada incapacidade do agente para ser influenciado pelas penas" (artigo 20.º). É, pois, necessário, para o agente ser considerado imputável, que consiga determinar-se pelas penas. Facto demonstrativo não só da criteriosa integração do elemento de valoração ética, mas também de carregado afloramento da tradição correccionalista portuguesa, manifestando-se assim, neste ponto, como noutros, a inconsequência daqueles que julgam que o Código se não funda em raízes culturais portuguesas (C.P., 1982).

Para além disso, ao admitir-se um vasto domínio para a inimputabilidade devido à definição de critérios que se afastam do mais rígido pensamento da culpa, permitir-se-á aos mais reticentes na aceitação deste princípio, a construção de um modelo baseado numa ideia que desliza para a responsabilidade social mitigada (id.).

2.2.1. Imputabilidade

A imputabilidade é um conceito puramente jurídico, que se refere ao grau de possibilidade, que determinado indivíduo tem de responder pelos actos que pratica. Não é mais do que a avaliação jurídica da responsabilidade daquele indivíduo (Santos, 1996).

Segundo o mesmo autor, o termo imputabilidade foi introduzido na filosofia jurídica por Puffendorf em 1660, com base nas ideias de Aristóteles sobre a imputação moral. Assim e segundo Aristóteles, conforme se referiu anteriormente, para que um acto possa ser atribuído ao seu autor, é necessário que este possua uma noção exacta da natureza e alcance do facto praticado. Portanto os animais, as crianças, os idiotas, os loucos e os possessos por forças divinas não podem ter imputabilidade (ibidem). Os pressupostos inerentes a esta afirmação são pois (a) a razão, (b) o discernimento e (c) a liberdade de agir segundo as noções morais.

O art. 26 do Código Penal Português (1886), considera, que só podem ser considerados criminosos, os indivíduos que têm a necessária inteligência e liberdade, isto é, um indivíduo é considerado imputável, quando no momento da prática de um acto ilícito, conseguir avaliar o carácter permitido ou proibido do referido acto e determinar a sua vontade em função das valorizações que fizer (citado por Polónio, 1975). Para Fonseca (1987), definindo imputabilidade deste modo, verificamos que o conceito parte de pressupostos, de carácter axiomático e valorativo, como inteligência, liberdade, vontade, responsabilidade e culpa que se vão organizando no indivíduo como padrões normativos de funcionamento da personalidade.

O Código Penal Português exige que um indivíduo, para ser considerado imputável, seja maior de 16 anos e menor de 21, e se encontre capaz de apreciar o carácter permitido ou proibido dos seus actos em função das valorizações que fizer (art. 19).

Assim, o agente só pode merecer um juízo de censura ética se tiver actuado com consciência da ilicitude do facto. Porém, se tiver agido sem consciência da ilicitude e se o erro lhe for censurável, o agente «será punido com a pena aplicável ao crime doloso respectivo, que pode ser especialmente atenuada» (artigo 17.º, n.º 2 CP aprovado pelo DL n.º 400/82 de 23 de Setembro, revisto em 1995). Ficam, deste modo, protegidos não só determinados fins da prevenção, como também o valor que todo o direito prossegue: a ideia de justiça.

2.2.2. Imputabilidade Atenuada

Sempre que se prove que em função de anomalia psíquica, presente no momento da prática do facto ilícito, existiu limitação na capacidade de opção, o agente pode ser considerado ou inimputável, ou com imputabilidade atenuada (conceito mal definido mas implícito na redacção do art. 20).

A imputabilidade atenuada não é uma situação intermédia entre a imputabilidade e a inimputabilidade. Trata-se de uma imputação especial que se aplica a indivíduos capazes de apreciar a ilegalidade da acção cometida, tendo também capacidade crítica de agir de acordo com esse conhecimento, mas que na altura do cometimento do acto, pela existência de factores psicopatológicos importantes e não acidentais, não conseguiram deliberar e agir de modo adequado, acabando por cometer o acto ilícito (Santos, 1996).

Enquanto que os critérios que definem a existência ou não de imputabilidade são mais ou menos rígidos, claros e imutáveis, bastando apenas comprovar que no momento da prática do crime existia uma anomalia mental e que esta teve interferência directa no comportamento disruptivo. Já as situações em que é possível atribuir imputabilidade diminuída, ou atenuada, caracterizam-se por inúmeros factores subjectivos.

Para se considerar um delinquente inimputável, não basta constatar a existência de patologia mental. Isso só acontecerá se o crime for a expressão comportamental dessa mesma patologia.

Bardenat, citado por Santos (1996), exemplifica que o roubo banal e utilitário realizado por um epiléptico, uma burla premeditada, não são susceptíveis de conferir inimputabilidade pois não são directamente relacionáveis com a doença subjacente.

Assim, verifica-se que existem patologias psiquiátricas que se situam em terreno da denominada imputabilidade atenuada ou diminuída, que de acordo com Polónio tem sido fonte de alguma divergência em termos de aceitabilidade. Conforme afirma Kurt Schneider (citado por Polónio, 1975), trata-se de indivíduos, capazes de apreciar a ilegalidade do acto e com a capacidade crítica de agir de acordo com esse conhecimento, mas que na altura do acto estavam parcialmente incapazes de o fazer.

O mesmo autor, citado desta vez por Carneiro dos Santos (1996) diz ainda que um psicopata explosivo deve ter imputabilidade atenuada para um acto violento, mas nunca para um roubo.

Novamente de acordo com Polónio (1975), não basta demonstrar características psicopáticas como uma fraqueza anormal da vontade ou uma impulsividade excessiva, mas é preciso mostrar em particular que na altura do acto, existiram estas alterações em grau patológico.

Enquadramento Teórico-conceptual 47

Também nos parece importante fazer referência à designação de doenças com intervalos lúcidos, como condição a considerar para se definir imputabilidade atenuada. A noção de «intervalo lúcido» à luz da psicopatologia, corresponde ao período remissivo ou de estabilidade psicológica de determinadas doenças mentais, por exemplo os períodos intercalares entre os episódios recorrentes da Doença Bipolar de tipo I. Ainda numa vertente psicopatológica, e considerando a opinião de Barahona Fernandes, podemos afirmar que um doente maníaco não é menos lúcido durante o acesso psicótico do que fora dele. No entanto, do ponto de vista jurídico, o conceito reporta-se às fases de integridade e sanidade mental em geral. O que significa, que durante estes períodos considerados de «normalidade», os indivíduos são responsáveis pelos seus actos (a não ser que os episódios apresentem uma frequência tal que seja difícil identificar os períodos de remissão total). Uma minuciosa análise biológica, clínica e psicopatológica de cada situação em particular e uma avaliação do estado mental no momento do crime, são condições decididamente indispensáveis para uma justa fundamentação das conclusões médico-forenses (Fonseca, 1987).

Antunes e Santos-Costa (1997), consideram de grande relevância o pedido de perícia psicoforense nos casos em que se pretende uma decisão sobre imputabilidade diminuída. No caso de um delinquente com imputabilidade diminuída ou atenuada, se o agente for declarado inimputável perigoso, o resultado da perícia psiquiátrica poderá ser determinante para a decisão da substituição ou não da medida de segurança de internamento, por acompanhamento e/ou tratamento em regime ambulatório. Por outro lado, se um delinquente com imputabilidade diminuída for declarado imputável, também as informações contidas no relatório pericial poderão ser decisórias para uma atenuação especial da pena.

Apesar de por vezes ser solicitado, por parte do sistema judicial, ao psiquiatra ou psicólogo a quantificação da atenuação da pena, concordamos com Fonseca (1997) quando afirma que essa ATENUAÇÃO não é passível de uma quantificação matemática e parece aconselhável que se agregue à expressão "imputabilidade atenuada" um dos termos: leve, moderada ou acentuada.

48 A Doença Mental (des)culpada

2.2.3. Inimputabilidade

A questão da inimputabilidade aparece já no séc. XVIII em Portugal, quando o jurista Mello Freire, no projecto de Código Penal de 1789, apresenta a noção de inimputáveis como sendo *todo o género de loucos – os furiosos e os dementes e os verdadeiramente melancholicos ou phrenéticos*. Esse código estabelecia expressamente que *nos que enlouqueceram depois de cometido o crime, se sobrestará, ou no processo de acusação, ou na execução da pena, até que eles recuperem as suas faculdades intelectuais* (citado por Rodrigues, 1999).

De acordo com o art. 20.º do Código Penal Português (1982) é inimputável quem, por força da sua anomalia psíquica, é incapaz, no momento da prática do facto, de avaliar a ilicitude deste ou de se determinar de acordo com essa avaliação. Algumas anomalias psíquicas são condicionantes susceptíveis de conferir ao indivíduo a situação de inimputabilidade, bem como a idade inferior a 16 anos, conforme estipula o art. 19.º, do mesmo Código ("são penalmente inimputáveis em razão da idade"). Do ponto de vista moral, a imputabilidade diz respeito à capacidade da pessoa ter juízo crítico sobre o acto cometido, ou então a capacidade de ter consciência se uma acção foi (ou será) boa ou má. Ainda do ponto de vista moral, é muito mais importante ter juízo crítico do acto, compreendê-lo e valorizá-lo, do que e realização do próprio acto em si.

O Código Penal (CP) actual, cuja última revisão se efectuou em 1995, no seu artigo 20.º diz o seguinte:

Artigo 20.º
Inimputabilidade em razão de anomalia psíquica

1 – É inimputável quem, por força de uma anomalia psíquica, for incapaz, no momento da prática do facto, de avaliar a ilicitude deste ou de se determinar de acordo com essa avaliação.

2 – Pode ser declarado inimputável quem, por força de uma anomalia psíquica grave, não acidental e cujos efeitos não domina, sem que por isso possa ser censurado, tiver, no momento da prática do facto, a capacidade para avaliar a ilicitude deste ou para se determinar de acordo com essa avaliação sensivelmente diminuída.

3 – A comprovada incapacidade do agente para ser influenciado pelas penas pode constituir índice da situação prevista no número anterior.

4 – A imputabilidade não é excluída quando a anomalia psíquica tiver sido provocada pelo agente com intenção de praticar o facto.

Ao inimputável é aplicada uma medida de segurança de internamento em Estabelecimento destinado a inimputáveis, em vez de decretada pena de prisão. Esta medida tem como fim principal o tratamento psiquiátrico do agente e o seu afastamento da sociedade devido à perigosidade que possa estar subjacente (adiante falaremos com maior pormenor sobre o conceito de perigosidade). Os seguintes artigos do CP anteriormente referido que se seguem são claros, relativamente à aplicação da medida:

Artigo 91.º
Pressupostos e duração mínima

1 – Quem tiver praticado um facto ilícito típico e for considerado inimputável, nos termos do artigo 20.º, é mandado internar pelo tribunal em estabelecimento de cura, tratamento ou segurança, sempre que, por virtude da anomalia psíquica e da gravidade do facto praticado, houver fundado receio de que venha a cometer outros factos da mesma espécie.

2 – Quando o facto praticado pelo inimputável corresponder a crime contra as pessoas ou a crime de perigo comum puníveis com pena de prisão superior a 5 anos, o internamento tem a duração mínima de 3 anos, salvo se a libertação se revelar compatível com a defesa da ordem jurídica e da paz social.

Artigo 92.º
Cessação e prorrogação do internamento

1 – Sem prejuízo do disposto no n.º 2 do artigo anterior, o internamento finda quando o tribunal verificar que cessou o estado de perigosidade criminal que lhe deu origem.

2 – O internamento não pode exceder o limite máximo da pena correspondente ao tipo de crime cometido pelo inimputável.

3 – Se o facto praticado pelo inimputável corresponder a crime punível com pena superior a 8 anos e o perigo de novos factos da mesma espécie for de tal modo grave que desaconselhe a libertação, o internamento pode ser prorrogado por períodos sucessivos de 2 anos até se verificar a situação prevista no n.º 1.

Segundo o art. 96.°, se decorrer um período superior a 2 anos após a data da decisão da aplicação da medida, esta deve ser reavaliada, ponderando-se a sua adequabilidade naquele momento:

Artigo 96.°
Reexame da medida de internamento

1 – Não pode iniciar-se a execução da medida de segurança de internamento, decorridos 2 anos ou mais sobre a decisão que a tiver decretado, sem que seja apreciada a subsistência dos pressupostos que fundamentaram a sua aplicação.

2 – O tribunal pode confirmar, suspender ou revogar a medida decretada.

Uma alteração importante que a última revisão do código introduziu, tem a ver com a revisão da situação de internamento e com a possibilidade de, a todo o momento, a situação do inimputável poder ser reavaliada.

Artigo 93.°
Revisão da situação do internado

1 – Se for invocada a existência de causa justificativa da cessação do internamento, o tribunal aprecia a questão a todo o tempo.

2 – A apreciação é obrigatória, independentemente de requerimento, decorridos 2 anos sobre o início do internamento ou sobre a decisão que o tiver mantido.

3 – Fica ressalvado, em qualquer caso, o prazo mínimo de internamento fixado no n.° 2 do artigo 91.°.

Após efectuada a revisão da situação jurídica do internado pelo Tribunal de Execução de Penas, e encontrando-se reunidas as condições suficientes (nomeadamente enquadramento familiar, compensação psiquiátrica, não rejeição por parte da comunidade envolvente, projecto de ressocialização, etc.) para que se possa ensaiar a permanência do doente em meio livre este pode sair em *Liberdade para Prova* (Coelho e Nobre 1997).

Artigo 94.º
Liberdade para prova

1 – Se da revisão referida no artigo anterior resultar que há razões para esperar que a finalidade da medida possa ser alcançada em meio aberto, o tribunal coloca o internado em liberdade para prova.

2 – O período de liberdade para prova é fixado entre um mínimo de 2 anos e um máximo de 5, não podendo ultrapassar, todavia, o tempo que faltar para o limite máximo de duração do internamento.

3 – É correspondentemente aplicável o disposto nos n.ºs 3 e 4 do artigo 98.º.

4 – Se não houver motivos que conduzam à revogação da liberdade para a prova, findo o tempo de duração desta a medida de internamento é declarada extinta. Se, findo o período de liberdade para a prova, se encontrar pendente processo ou incidente que possa conduzir à revogação, a medida é declarada extinta quando o processo ou o incidente findarem e não houver lugar à revogação.

Artigo 95.º
Revogação da liberdade para prova

1 – A liberdade para prova é revogada quando:
  a) O comportamento do agente revelar que o internamento é indispensável; ou
  b) O agente for condenado em pena privativa da liberdade e não se verificarem os pressupostos da suspensão da execução, nos termos do n.º 1 do artigo 50.º.

2 – A revogação determina o reinternamento, sendo correspondentemente aplicável o disposto no artigo 92.º.

De facto a revisão de 1995 do CP, evidencia uma preocupação clara no que toca às questões da inimputabilidade, domínio particularmente carecido de intervenção, por imperativos constitucionais de legalidade e proporcionalidade, que é o das medidas de segurança. Numa perspectiva de maximização da tutela da liberdade e segurança dos cidadãos, procedeu-se a uma definição mais rigorosa dos pressupostos de aplicação das medidas e ao estabelecimento de limites tendencialmente inultrapassáveis.

As alterações vieram permitir e contribuir de forma assertiva para uma certa humanização, entendendo o inimputável como um sujeito de direitos e impedindo a prorrogação indefinida de certos internamentos, sobretudo naqueles indivíduos que cometeram crimes graves no seio da própria família, rejeitados por esta e pelo meio sócio-familiar envolvente, e que fustigados pela dupla estigmatização (doentes mentais e criminosos) acabavam por permanecer internados até à morte (Coelho e Nobre, 1997).

PERIGOSIDADE

A noção jurídica de perigosidade data dos finais do séc. XIX, e foi enunciada por Garofalo no seguimento das suas ideias acerca da necessidade do estabelecimento de medidas destinadas a travar a criminalidade e, ao mesmo tempo, adaptadas às particularidades especiais de cada criminoso. Até então era utilizado o critério "ético-retributivo", uma vez que a pena aplicada era proporcional à gravidade do crime cometido.

A introdução da ideia de inimputabilidade deixou de permitir que o critério "ético-retributivo" fosse aplicado a todos os tipos de delinquentes. Ao mesmo tempo verificava-se que certos indivíduos apesar de não serem inimputáveis, reincidiam na prática criminosa sistematicamente. Impunham-se, portanto, medidas que protegessem a sociedade destes indivíduos.

Nas últimas décadas do séc. XIX, os trabalhos de Kraeplin (1879), Morel (1895) e, já no século passado, Lombroso, defenderam a ideia de "degenerado" e "criminoso nato", que apontavam no sentido de um determinismo que conduzia fatalmente certos indivíduos a práticas ilícitas continuadas.

Em 1929, em pleno florescimento do nazismo, o penalista Alemão Gustavo Radbruch, propôs a eliminação física dos delinquentes habituais imputáveis, prevendo o tratamento dos inimputáveis curáveis e o internamento dos incuráveis (Santos, 1996)

Em Portugal, o conceito de perigosidade surge no Dec. Lei n.º 39688 de 5 de Junho de 1954, e é definido como *"tendência para a perpetração de actos de violência"*. Podemos desde já observar a ligação directa que se estabelece com a noção de agressividade/violência.

Do ponto de vista jurídico, o conceito de *perigosidade* não tem uma definição clara e precisa. Trata-se de uma característica que se atribui a certos delinquentes, pretendendo sanar o conflito entre o criminoso recorrente ou inimputável e a sociedade, e que veio permitir a justificação legal para se aplicarem medidas de privação de liberdade por período indeterminado, enquanto que simultaneamente repele o conceito de "prisão perpétua".

Em Portugal, e até 1982, o conceito de perigosidade foi aplicado de um modo global, a todo e qualquer criminoso, imputável ou inimputável, quer porque o crime cometido fosse "repugnante", quer porque houvesse um passado criminal muito sobrecarregado, quer ainda porque o indivíduo sofresse de patologia mental.

O último Código Penal, anterior a 1982 (art. 132.º a 135.º), possibilitava que os tribunais, ao considerarem um indivíduo imputável como perigoso, pudessem aplicar prorrogações de pena, que podiam ir até dois períodos de três anos, após o cumprimento integral da pena resultante da condenação. Segundo Carneiro dos Santos (1996), o que se verificava na época com muita frequência era que essas prorrogações associadas normalmente a penas de longa duração promoviam um desenraizamento total do indivíduo, quer em relação à sociedade, quer em relação à família, de tal modo que quando terminavam a pena, não havia qualquer hipótese de integração. Esta eventualidade era de tal modo regra que o então Código de Processo Penal referia no seu art. 125: "se o internado não tiver família ou for incapaz de adquirir meios de subsistência será posto à disposição das autoridades Administrativas para ser admitido em Estabelecimento de Beneficência".

Na prática verificava-se um encadeamento de situações que acabavam por conduzir à prisão perpétua, já que, terminada a pena e na falta de instituições de acolhimento, os reclusos acabavam por não ter para onde ir. Nessas situações os Tribunais de Execução de Penas levantavam incidentes de alienação mental, consideravam os reclusos inimputáveis e ordenavam o seu internamento em "Manicómio Criminal" por período indeterminado (ibidem).

O CP de 1982 marcou em Portugal uma fase de viragem muito importante. O conceito "ético-retributivo" puro foi posto de lado, definindo-se como finalidade das penas a ressocialização e a recuperação do delinquente.

Desapareceu o conceito de "imputável perigoso" que foi substituído pelo de "delinquente por tendência" (art. 83.º)

A designação de perigosidade tem sido excessivamente aplicada aos doentes mentais (Polónio, 1985), pois apenas é tomado em consideração o perigo potencial dos seus actos. Essa possibilidade lactente deverá ser bem analisada, devendo apresentar-se os factos objectivos segundo os quais essa violência está presumida no futuro.

Nestas circunstâncias, o perito é frequentemente solicitado, quer para definir o perfil psicológico e/ou psicopatológico de um indivíduo agressivo que sofre de uma perturbação mental, quer para estabelecer os factos e predizer o futuro em relação ao delito efectuado ou a outro, que permitam ao jurista a aplicação da Lei.

Nesta avaliação, Maia Gonçalves, citado por Polónio (1975), considera que a anomalia mental, o tipo de crime, a personalidade e o meio são variáveis a ter em conta aquando da deliberação sobre a perigosidade do sujeito. Esta previsão de futuro é difícil e não é o mesmo que estabelecer um prognóstico, uma vez que mesmo após um estudo exaustivo da personalidade, existem factores impossíveis de serem controlados, nomeadamente a diversidade de influências que o pensamento é susceptível de exercer sobre os actos, tornando extraordinariamente difícil uma previsão determinista do comportamento.

Relativamente às medidas de segurança e ao limite do internamento, no Código Penal de 1982 é referido no art. 92.º, alínea 1 que este internamento deve cessar quando se reconhecer pelo tribunal a cessação do estado de perigosidade que lhe deu origem; e alínea 2 que refere que o primeiro internamento de um inimputável não pode exceder em mais de quatro anos o limite máximo da pena correspondente ao tipo de crime praticado pelo inimputável, excepto se o perigo de novos crimes contra pessoas for de tal modo grave que desaconselhe o risco da sua libertação.

Apesar das inúmeras tentativas de definição do conceito de perigosidade, o actual CP continua a não estabelecer uma definição rigorosa nem explícita como se expôs atrás. São estabelecidos limites máximos de duração do internamento, determinando-se que "o internamento não pode exceder o limite máximo da pena correspondente ao tipo de crime cometido pelo inimputável" (art. 92.º, n.º 2); contudo, "se o facto praticado pelo inimputável corresponder a crime punível com pena de prisão superior a oito anos e o perigo de novos factos da mesma espécie for de tal modo grave que desaconselhe a libertação, o internamento pode ser prorrogado por períodos sucessivos de dois anos, até se verificar a situação prevista no n.º 1." (art. 92.º, n.º 3), ou seja, cessar o estado de perigosidade.

Outra alteração importante da revisão do CP de 1995, relativamente ao código anterior, foi a eliminação da liberdade a titulo de ensaio, substituída pela liberdade para prova (art. 94.º) em que o internado que ainda apresenta alguma perigosidade é colocado em liberdade para prova, uma vez que o Tribunal considera poder fazer face à perigosidade em meio livre. Como "o internamento finda quando o tribunal verificar que cessou o estado de perigosidade criminal que lhe deu origem" (Art. 92.º, n.º 1), a decisão de suspensão "impõe ao agente regras de conduta, em termos correspondentes aos referidos no art. 52.º, necessárias à prevenção da perigosidade, bem como o dever de se submeter a tratamentos e regimes de cura ambulatórios apropriados e de se prestar a exames e observações nos lugares que lhe forem indicados" (art. 98.º, n.º 3)

O artigo 52.º n.º 1 diz respeito a regras de conduta específicas, a saber:

1 – O tribunal pode impor ao condenado o cumprimento, pelo tempo de duração da suspensão, de regras de conduta destinadas a facilitar a sua reintegração na sociedade, nomeadamente:

a) não exercer determinadas profissões;

b) não frequentar certos meios ou lugares;

c) não residir em certos lugares ou regiões;

d) não acompanhar, alojar ou receber determinadas pessoas;

e) não frequentar certas associações ou não participar em determinadas reuniões;

f) não ter em seu poder objectos capazes de facilitar a prática de crimes;

g) apresentar-se periodicamente perante o tribunal, o técnico de reinserção social ou entidades não policiais.

Para Lenker (1972) citado por Carneiro dos Santos (1996), perigosidade "é uma característica que o delinquente inimputável tem de pela sua conduta antecedente, ou pelas características da sua patologia, vir, com quase certeza a cometer novos crimes", o que de alguma forma nos ajuda a delimitar o conceito, que pode ter um carácter mais social (nos crimes menores) ou mais criminal (nos mais violentos).

3. A Avaliação Psicoforense no Brasil

3.1. *Evolução Histórica*

Esquirol (1772-1840), aluno de Pinel, foi um dos elementos que lutou pela assistência legal aos doentes mentais, tendo conseguido em 1838, a aprovação pelo Governo Francês de uma lei de protecção dos alienados, no intuito de impedir que estes fossem abandonados ou violentados, mesmo aqueles que permaneciam integrados nas famílias.

Tanto Esquirol, como posteriormente Morel (1809-1873), tendo sido preparados para a vida eclesiástica, lançam a ideia de asilo (lugar onde seriam recolhidos os doentes mentais) inspirados nos mosteiros e conventos da época.

Quando a existência dos asilos começava a tornar-se obsoleta para dar resposta às necessidades da época no resto do mundo, no Brasil começam a iniciar-se as primeiras construções. Nascidos da acção política de José Clemente Pereira (1787-1854), provedor da Santa Casa do Rio de Janeiro, disseminaram-se pelas capitais brasileiras, a começar pelo hospício D. Pedro II, no Rio de Janeiro, em 1852 (Taborda, Chalub, Abdalla-Filho e col., 2004).

Logo de início, tais asilos apresentavam graves problemas de fundo, como seja a sobrelotação, recursos humanos insuficientes e desqualificados, abandono, apatia, perda de identidade e consequente cronicidade. Foi esse o ambiente em que se formaram os primeiros alienistas brasileiros e, posteriormente, os primeiros psiquiatras.

Quando Pinel apresentou a "Memória da Loucura" em 1794 impulsionando a psiquiatria, o Brasil ainda era uma colónia de Portugal, tinha poucos licenciados em medicina e nenhuma história de produção científica.

A ida de D. João VI para o Brasil, em 1808, representou uma viragem na história que culminou com a independência em 1822.

Em 1832 foram criadas as Faculdades de Medicina da Bahia e do Rio de Janeiro. Na época, os médicos não eram especialistas; eram simplesmente clínicos e cirurgiões.

José da Cruz Jobim (1802-1878) foi o primeiro médico do chamado Hospício D. Pedro II e, mais tarde, o primeiro professor da disciplina de Medicina Legal da Faculdade de Medicina do Rio de Janeiro, chegando posteriormente a ser o seu director.

Teixeira Brandão foi o primeiro catedrático de psiquiatria na mesma faculdade, havendo registo de um empenho especial na criação de uma lei a favor dos doentes mentais (Taborda, Chalub, Abdalla-Filho e col., 2004).

É no início do Séc. XX, como nos refere Piccinini (2004), que começam a surgir os primeiros trabalhos científicos, também na área forense, entre os quais se destacam duas teses que contribuíram de forma decisiva para o nascimento da psicopatologia forense brasileira. Foram elas a de Oliveira Ferreira Júnior (escrita em 1887) intitulada "Da Responsabilidade Legal dos Alienados", e a de Afrânio Peixoto (escrita em 1897) intitulada "Epilepsia e Crime".

A PSIQUIATRIA E A MEDICINA LEGAL NO BRASIL

No Brasil, a prática psiquiátrica, de todas as especialidades médicas, sempre foi a que mais se aproximou e mostrou afinidades com as questões legais. Tanto a psiquiatria como a medicina legal fizeram um percurso conjunto. Ainda actualmente as disciplinas de psiquiatria e medicina legal encontram-se inseridas no mesmo departamento.

A medicina legal no Brasil passou por várias fases, mas segundo Piccinini (cit. em Taborda, Chalub, Abdalla-Filho e col., 2004) a sua evolução pode dividir-se em 3 períodos:

1) o primeiro que vai dos primórdios até 1877 e foi denominado *"período estrangeiro"*, cujas primeiras publicações remontam a 1814 apesar de não passarem de compilações da medicina legal francesa, sem qualquer interpretação própria ou adaptação à realidade jurídica brasileira;

2) o *"período de transição"* terá começado em 1877, altura em que surgiu o início da formação da medicina legal brasileira, bem como as primeiras publicações e comentários forenses adequados à realidade legislativa do Brasil, o que veio servir de forte estímulo aos médicos e juristas para se deterem nessa área específica do conhecimento;

3) o *"período nacionalista"*, iniciou-se com a posse de Nina Rodrigues (1862-1906) como catedrático de medicina Legal

da Faculdade de Medicina da Bahia, que apesar de ter morrido muito jovem, acabou por deixar obra preocupando-se em não tirar conclusões e julgar os problemas Brasileiros pelas experiências europeias, mas sim pesquisar e ensinar as diversidades das condições físicas, biológicas, psicológicas e sociais do meio Brasileiro (Taborda, Chalub, Abdalla-Filho e col., 2004).

Para situar a prática psicoforense ao longo do tempo no Brasil, é importante resumir algumas ideias a respeito dos conceitos de crime e punição e da forma como foram adoptados.

No período de 1500 a 1750, os filósofos que investigavam os problemas ligados ao crime consideravam que a opção pelo acto ilícito era individual. Desta forma, o criminoso deveria ser severamente punido, pelo que era o medo da punição que exercia o controlo social.

A escola clássica de criminologia, que recebeu fortes influências do iluminismo (predominou durante o Século XVIII), nomeadamente através do Italiano Cesare Becaria (1738-1794), criticava a punição arbitrária e propunha penas de acordo com a gravidade da ofensa, o que diminuiria o poder absoluto dos juízes. Defendia-se a ideia de que crimes iguais deveriam ser punidos de igual forma, e que deveria valorizar-se a consequência e não a intenção. Um dos seus defeitos era ignorar as diferenças entre os ofensores e as circunstâncias dos crimes. Em 1819, o código francês sofreu algumas alterações, o que passou a permitir aos juízes avaliar e considerar as circunstâncias do crime.

A discussão sobre a liberdade de acção e o determinismo continuou. Contudo começava a esboçar-se o reconhecimento de que a responsabilidade criminal poderia ser influenciada por patologias mentais. Começaram a ser ponderados factores como a idade, a premeditação, a capacidade e as circunstâncias do crime. Surgia também a ideia da reabilitação do ofensor e a punição tinha já esse objectivo.

O positivismo e a moderna criminologia Brasileira, devem-se ao trabalho de três italianos estudiosos da problemática criminal: Cesare Lombroso (1835-1909), Enrico Ferri (1856-1929) e Rafaele Garofalo (1852-1934). A escola positivista buscava uma explicação científica da criminalidade, bem como das formas de combatê-la. A pressa em chegar a algumas conclusões, no entanto, deixou-os expostos a fortes críticas. Daí que ainda no início do séc. XX predominavam as ideias clássicas.

Afrânio Peixoto foi um dos nomes que marcou a história da criminologia e medicina legal brasileira. Era um homem apaixonado, e a sua tese criticava as ideias de Lombroso (id.).

Peixoto deu um contributo muito importante para a criação da psiquiatria forense brasileira, sendo considerado o seu fundador.

Segundo Piccinini, podem-se identificar quatro grandes fases pelas quais passou a psiquiatria forense brasileira: o nascimento, o desenvolvimento, o declínio e o renascimento (citado por Taborda, Chalub, Abdalla-Filho e col., 2004).

NASCIMENTO – DOS PRIMÓRDIOS A 1920

A independência em 1822, não libertou o Brasil da ascendência portuguesa no que diz respeito à legislação. O Código Penal Brasileiro (CP) de 1830 falava pela primeira vez na necessidade de intervenção médica. Nesse período quase não se falava em psiquiatria. Os primeiros psiquiatras só apareceram em meados do séc. XIX e início do séc. XX. Um nome que já se destacava como defensor de uma legislação que protegesse os doentes mentais era o de Teixeira Brandão. Antes dele, os primeiros médicos eram legistas e evidenciavam necessariamente outro tipo de preocupações. Em 1841, surgiu o decreto de fundação do "Hospício D. Pedro II", cuja inauguração só se concretizou em 1852.

Os progressos que se vieram a alcançar ocorreram muito lentamente e só em 1900 foi organizado o gabinete médico-legal do Rio de Janeiro, sendo conferida aos médicos-legistas mais uma função: a de examinarem indivíduos suspeitos de *alienação* mental, apreendidos na via pública ou detidos nas prisões, antes de serem recolhidos ao Hospício Nacional. Tal facto revela, que o poder médico, se existente, era pouco expressivo (id.).

Tal como já foi referido, Peixoto foi a grande figura deste extenso período do nascimento da psiquiatria forense brasileira, já que esta se seguia a reboque da evolução da medicina legal.

O DESENVOLVIMENTO – DE 1921 A 1961

O período de desenvolvimento inicia-se com a criação do primeiro "manicómio judiciário" do Brasil, no Rio de Janeiro, em 1921, que foi dirigido por Heitor Carrilho (1890-1954), grande sistematizador da psicopatologia forense; os seus trabalhos centravam-se essencialmente na perícia psiquiátrica e no papel do perito.

Um outro autor de relevo neste período foi Oswaldo Domingues de Moraes, também ligado à direcção do "Manicómio Judiciário" do Rio de Janeiro. O seu afastamento do cargo de direcção bem como a perda de importância da perícia psiquiátrica forense contribuíram de forma decisiva para a progressiva estagnação da psiquiatria forense no Brasil.

O DECLÍNIO – DE 1962 A 1994

De acordo com Taborda e colaboradores, neste período de pouco mais de três décadas, observou-se um importante declínio da actividade científica em psiquiatria forense e o melhor indicador desse fenómeno foi o reduzido número de trabalhos publicados por autores brasileiros. Mesmo nos congressos de psiquiatria, era notória a ausência de mesas e discussões sobre temas éticos, forenses e legais relacionados com o exercício da especialidade. Os próprios especialistas não investiam nesta área porque não encontravam contrapartidas, daí o seu baixo nível de motivação, e percebia-se quase um constrangimento em ser psiquiatra forense (id.).

Por outro lado, nos principais países do mundo assistia-se a uma verdadeira agitação na interrelação entre psiquiatria e lei. Este estado de ebulição interferiu na realidade brasileira, e foi claramente percebida pelo psiquiatra forense Álvaro Rubim de Pinho (1922-1994), principal responsável pelo renascimento da especialidade no Brasil.

O RENASCIMENTO – A PARTIR DE 1995

O ponto de partida deste renascimento teve como fonte o movimento de reforma psiquiátrica, com a implementação de leis que viriam a regulamentar o internamento psiquiátrico involuntário. Nesta fase deu-se uma maior integração entre os profissionais do direito e os psiquiatras forenses, tendo-se observado uma crescente necessidade de desenvolver a psiquiatria legal.

No âmbito da Associação Brasileira de Psiquiatria (ABP), foi criado um departamento que tratava especificamente das questões relacionadas com a ética e psiquiatria legal e que funcionava como "fórum" para a discussão deste tipo de matérias – Departamento de Ética e Psiquiatria Legal (DEPL), fundado em 23 de Outubro de 1995. Este departamento teve como objectivo prioritário congregar todos os psiquiatras que actuavam nesta área, estimular a produção científica e promover a participação em seminários e congressos. Funcionava também como órgão consultivo da ABP e de instituições públicas e privadas nacionais em matéria de ética e psiquiatria legal.

O DEPL, a partir de 1998 conseguiu promover a criação do título de especialista em psiquiatria: área de actuação psiquiátrica forense, concedido pela Associação Médica Brasileira (ABP) e pela Sociedade Brasileira de Medicina Legal. O título é concedido aos psiquiatras que já possuam o título de especialistas em psiquiatria e que sejam aprovados em concurso específico para esse fim (Taborda, Chalub, Abdalla-Filho e col., 2004).

3.2. *O Sistema de Justiça Criminal*

O Sistema de Justiça Criminal (SJC) no Brasil é um complexo de organizações e instituições do estado que tem como objectivo a prevenção, investigação e o desincentivo à criminalização, bem como a aplicação da lei penal e execução das decisões judiciais, definidas pela lei federal (Taborda, 2001).

As instituições do estado do SJC brasileiro passam por três fases de intervenção: investigação, procedimentos judiciais e fase de julgamento.

Na primeira fase, as autoridades policiais procuram investigar, o mais extensivamente possível a infracção penal cometida. Depois de efectuada a recolha de dados estes são enviados através de relatório à Judiciária (*"Judiciary"*). Durante a fase de procedimentos judiciais, a defesa e a acusação apresentam as suas provas. É habitualmente nesta fase que se realizam os Exames de Imputabilidade Penal (PIE) ou os

Exames de Adição de Drogas (*Drug Addiction Exam – DAE*), a pedido de uma ou de outra parte, ou por instrução do juiz. O processo é então interrompido até se dar por terminada a avaliação psicoforense. Segue-se o processo de avaliação, mesmo que o acusado seja considerado doente mental.

Esta etapa termina com a definição de possibilidades, que se traduzem em quatro importantes formas (Taborda, 2001; Taborda, Chalub e Abdalla-Filho e col., 2004):

- *convicção* – implica em crimes graves, a privação da liberdade e a reclusão num estabelecimento penitenciário e só acontece quando o arguido é considerado imputável no momento do cometimento do crime ou, pelo menos, semi-imputável;
- *convicção, com substituição da punição por compromisso criminal ("Criminal Commitment")* – que consiste na aplicação de tratamento psiquiátrico coercivo, geralmente num hospital e estas situações normalmente surgem quando o acusado é declarado semi-imputável;
- *absolvição baseada na inimputabilidade do réu* – o acusado é considerado inimputável no momento do cometimento do crime e é conduzido para tratamento psiquiátrico em meio hospitalar;
- *absolvição* – o acusado é considerado imputável, mas é absolvido quando a sua inocência for demonstrada.

Concluído este processo inicia-se a fase de julgamento propriamente dita, em que o indivíduo assume a posição de *prisioneiro*, ou de *internado*. Em ambos os casos, o papel do psiquiatra forense assume uma importância relevante ao longo das várias etapas, até ao indivíduo sair em liberdade.

A lei penal brasileira fundamenta-se no direito romano e na tradição jurídica europeia continental e acaba por ter importantes pontos de convergência com a lei penal norte-americana, principalmente no que diz respeito aos princípios democráticos fundamentais: o de prévia definição legal do acto criminoso (*nullum crime sine lege*) e o da imputabilidade moral como base para a responsabilidade penal (*nulla poena sine culpa*) (id.).

Observam-se contudo importantes diferenças (tal como no sistema criminal português) entre os dois sistemas, sobretudo no que diz respeito à situação processual do doente mental e ao conceito de inimputabilidade.

Esta diferença é sobretudo importante no que toca à rara implementação do modelo de *insanity defense* (conceito que abordaremos mais adiante) nos países de tradição inglesa, relativamente à maior frequência de determinação de inimputabilidade, nos países de inspiração legislativa romana.

De seguida abordaremos os pontos fundamentais do sistema de justiça brasileiro, continuando a tocar na sua evolução histórica.

3.2.1. *A Responsabilidade Criminal*

Todo o indivíduo que comete um crime – acção ou omissão tipificadas no Código Penal (crime) ou na Lei de Contravenções Penais (contravenção penal) – deve responder perante a justiça por aquilo que praticou. Segundo Taborda e col. (2004) Responsabilidade Penal significa a obrigação ou o direito de responder perante a lei por um facto cometido, facto este considerado pela lei vigente como um crime ou uma contravenção. Ao que pratica a acção ou omissão ilícitas, a justiça imputa o dever de responder por elas, tornando-se desse modo, o agente imputável (id.).

O conceito de "imputabilidade penal" como hoje se apresenta no Brasil, surgiu com o Código Penal (CP) de 1940, no seu art. 22, repetindo-se no CP de 1984, art. 26 e que ainda se encontra actual. O art. 26 diz: É isento de pena o agente que, por doença mental ou desenvolvimento mental incompleto ou retardado, era, ao tempo da acção ou da omissão, inteiramente incapaz de entender o carácter ilícito do fato ou de determinar-se de acordo com esse entendimento (Código Penal Brasileiro, 2005).

O CP de 1890 detalhava substancialmente a questão da inimputabilidade, isentando expressamente as pessoas com "imbecilidade nativa" (deficientes mentais moderados a graves), "enfraquecimento senil" (demência), "os surdos-mudos de nascimento", bem como aqueles que se encontrassem "em estado de completa privação de sentidos e de inteligência" (doentes mentais). Além disso reduzia de 14 para 9 anos a idade mínima para a imputabilidade penal, desde que o menor houvesse agido com "discernimento" (Taborda e col., 2004).

Constatada a patologia mental apontada na lei, o agente seria automaticamente considerado plenamente inimputável.

O CP de 1940, através do seu art. 22, mudou de forma substancial a regulamentação desta matéria. Além da exigência básica de que um transtorno mental se fizesse presente ("doença mental ou desenvolvimento mental incompleto ou retardado" ou "perturbação de saúde mental"), passou-se a requerer um prejuízo – total ou parcial – dos elementos cognitivos ou volitivos do acto criminoso e o nexo de causalidade entre o transtorno mental e o agir delitivo" (Ibidem.). Quando se fala em elemento cognitivo, refere-se à faculdade de avaliar a criminalidade do facto praticado, e de se determinar de acordo com essa apreciação (elemento volitivo).

Nesse CP introduziu-se o conceito de "semi-imputabilidade" e passaram a considerar-se inimputáveis os menores de 18 anos. A reforma de 1984 manteve estes aspectos completamente preservados, como já foi referido. Em relação aos menores, no seu art. 27 diz: "Os menores de 18 (dezoito) anos são plenamente inimputáveis, ficando sujeitos às normas estabelecidas na legislação especial" (Código Penal Brasileiro, 2005).

A isenção de responsabilidade criminal do doente mental pelos actos ilícitos que vier a praticar, é abordada no mundo ocidental de forma unânime. As divergências ocorrem, e são muitas, na forma como cada País aplica essa matéria ao longo do tempo e nos desencontros que vão surgindo conforme a abordagem de "insanidade" é popular, médica ou legal.

Apesar de se observar uma congruência parcial entre os conceitos de "loucura" do domínio popular, ou leigo, e do domínio médico, o que por si só já é gerador de polémica quando se introduz a dimensão legal a complexidade aumenta. O conceito legal de "insanidade" está contido no conceito médico. Ou seja, ninguém poderá ser considerado incapaz se não for portador de algum transtorno mental. Contudo, nem todo aquele que apresenta transtorno mental deverá ser considerado incapaz. Aliás, dentro do universo das pessoas que apresentam patologia mental, deverá ser a lei a determinar os limites, critérios e extensão dos que poderão ser declarados irresponsáveis.

Chalub (2004) entende que é importante adoptar um critério biopsicológico na avaliação do nexo ou relação de causalidade. Assim, será necessária a existência de um nexo causal entre a patologia mental e o facto ilícito praticado, ou seja, é necessário que o delito seja expressão do distúrbio. A acção ou omissão praticada deve ser um sintoma do transtorno, assim como o serão os sintomas patopsíquicos propriamente ditos.

3.2.2. Situação Processual da Pessoa com Doença Mental

No Brasil, ao contrário do que se passa nos Países Anglo-Saxónicos, ninguém pode exercer a sua própria defesa. Num tribunal norte--americano, o mais importante requisito para que alguém possa ser processado perante um tribunal, é o de ser considerado apto mentalmente para tal finalidade, situação mais comummente designada por *competence to stand trial* (capacidade para ser processado e julgado). (Bloom, 1996; Ackerman, 1999; Bloom, Williams e Bigelow, 2000; Gates, 2003).

No Brasil a posição do arguido é totalmente passiva e este é sempre defendido por um advogado, sendo irrelevante o facto de estar ou não em condições de colaborar activamente na sua defesa. Assim, pode ser processado e julgado à revelia.

Quando existe suspeita de doença mental, existe o Instituto da Superveniência de Doença Mental previsto no Código de Processo Penal (CPP) Brasileiro. (Taborda, Chalub, Abdalla-Filho e col., 2004).

Ao tratar da "insanidade mental do acusado", o CPP prevê três hipóteses:

1. a doença mental no momento da prática do crime;
2. a doença mental posterior à prática do ilícito, porém anterior à decisão final; e
3. a doença mental posterior à sentença condenatória.

Na primeira hipótese, quando o acusado sofre de doença mental no momento da prática do crime, o que pode dar origem ou não a uma decisão de inimputabilidade, o processo é suspenso por 45 dias, enquanto se resolve o incidente de alienação mental e se efectua a perícia psiquiátrica correspondente. Concluída a perícia, e qualquer que seja o resultado desta, que poderá ou não indicar a presença de patologia mental no arguido no momenta da prática do crime, e qualquer que seja o seu estado mental naquele momento, o processo continuará até à decisão final.

Na segunda hipótese, quando a doença mental só se manifesta *após* a prática do ilícito – o que a lei denomina *"superveniência de doença mental"* (id.) – o tratamento processual muda radicalmente. Nesta situação o processo é suspenso por tempo indefinido, e fica-se a aguardar a recuperação do arguido. O juiz poderá ordenar que este seja conduzido e internado num "estabelecimento psiquiátrico forense", por período igualmente indefinido. Neste caso o processo é suspenso pela necessidade de dar atenção à saúde do sujeito. A reforçar a ideia de que de facto a capacidade do acusado não é fundamental para o andamento do processo penal brasileiro, está a primeira hipótese, em que o processo não é suspenso se existir doença mental no momento da prática do ilícito. A suspensão só acontece com o objectivo e em benefício da recuperação psíquica do arguido.

Considera-se "superveniência de doença mental" (SDM) quando surge sintomatologia psicopatológica, num determinado indivíduo, em qualquer período após a prática de um acto criminoso. O quadro clínico pode ser de natureza orgânica, emocional ou decorrente do uso ou abuso de substâncias psicoactivas, lícitas ou ilícitas.

Esta situação introduz, segundo Taborda (2004), um grande preconceito em relação ao doente mental criminoso. Segundo o autor, o legislador não parece acreditar que o "louco" que comete um crime possa vir a recuperar-se, preferindo levar o processo até ao fim, julgando-o e, se for o caso, aplicando-lhe uma medida de segurança para tratamento. Ao passo que a pessoa que "adoece" após haver praticado o crime estaria a apresentar uma "reacção" psíquica a um grave acontecimento traumático, passível de tratamento eficaz, e vista como potencialmente capaz num futuro próximo.

Os artigos 151 e 152 do CPP fazem menção às situações descritas anteriormente.

Na prática, segundo o mesmo autor, a suspensão de um processo por "superveniência de doença mental" (SDM) é um acontecimento relativamente raro e, quando ocorre, é sempre por períodos de tempo curtos, desconhecendo-se casos de pessoas que tenham permanecido ao longo da vida, por tempo indefinido, em hospitais psiquiátricos forenses.

Este tipo de situações ocorre na maior parte dos casos, dentro dos estabelecimentos prisionais e, às vezes, são de difícil percepção. A não ser quando a perturbação atinge grandes proporções e, de alguma forma, desestabiliza o meio em que o indivíduo se encontra inserido (habitualmente o meio prisional é, já de si, considerado importante agente de stress).

Segundo os mesmos autores (2004) SDM pode ocorrer enquanto o réu aguarda julgamento, já depois de condenado, ou durante o cumprimento da pena. É nesta altura que é solicitado ao perito forense que efectue o exame de superveniência de doença mental. A presença de sintomatologia psicopatológica em pessoas presas é mais frequente do que se imagina, pelo que o exame para determinar a SDM tem crucial importância e tanto permite evitar sequelas de uma doença mental não tratada, como prevenir as consequências indesejáveis que podem surgir quando uma pessoa portadora de doença mental activa se encontra em ambiente hostil e instável, como é o meio prisional. Grande parte das patologias que surgem têm a ver com a inadaptação ao ambiente prisional, já que alguns reclusos têm tendência a reproduzir o modelo de conduta que adoptavam no exterior (Taborda e col., 2004).

Outro dos aspectos de crucial importância na situação processual do doente mental é a avaliação de risco, que na legislação portuguesa se designa por avaliação da perigosidade.

Segundo Abdalla-Filho (2004) a associação entre o transtorno psiquiátrico e o comportamento violento de seu portador é frequente no senso comum e vem sendo investigada de forma cada vez mais criteriosa por estudiosos das ciências forenses.

Aristóteles, citado pelo autor referido, já se ocupava desse assunto ao escrever *"Ética a Nicômano"*, obra na qual fala da possibilidade de os assassinatos bizarros terem como causa a loucura dos homicidas. Com a evolução dos estudos nesta área, a pergunta "os doentes mentais são perigosos?" adquire uma dimensão complexa e levanta-se a seguinte questão: quais doentes, sofrendo de que tipo de doença mental, sob quais circunstâncias, poderiam adoptar um comportamento violento?

Nos anos 60 surgiram os primeiros estudos e apontava-se para um possível exagero na predição da perigosidade de indivíduos portadores de doença mental.

68 *A Doença Mental (des)culpada*

Nos anos 70 concluiu-se, após vários estudos, que os médicos tinham falta de qualificações específicas para realizarem uma adequada avaliação do risco de violência por parte dos doentes psiquiátricos, pelo que se iniciou a pesquisa de métodos mais precisos para efectuar este tipo de avaliação.

Desde os anos 80 vários instrumentos de predição de risco de perigosidade têm sido desenvolvidos.

Em 1990, Swanson e colaboradores, citados por Abdalla-Filho (2004), defendem a ideia de pesquisar "factores" de perigosidade por não aceitarem a tese que postula a existência de uma associação obrigatória entre doença mental e violência. Posteriormente, Bloom (1989), após examinar a associação entre doença mental e práticas criminosas, cita alguns autores que consideram que certos grupos de doentes mentais, com antecedentes de internamento psiquiátrico, são presos com maior frequência em relação à população geral. Para este autor, a criminalidade estaria mais ligada ou relacionada com factores socio-económicos e com o passado criminal do indivíduo, do que propriamente com as condições psicopatológicas do mesmo.

Em 1994, Torrey, após estudar também a relação entre disfunção psicopatológica e comportamento violento, chega à conclusão que, apesar da grande maioria dos doentes psiquiátricos não ser mais violenta do que a população em geral, existe um subgrupo desses doentes que é, de facto, mais perigoso. Esse subgrupo está relacionado com factores de risco específicos como sejam: uma história de comportamento violento, uso de drogas e não obediência às prescrições médicas e medicamentosas.

Apesar de todos estes esforços de tentativa de avaliação do risco de perigosidade, não existem evidências claras a este respeito. A confirmar este facto surgem estudos mais recentes como o de Arboleda-Flórez e Stuart (2000), que alertam para a necessidade de estudos mais aprofundados sobre a relação entre violência e transtorno mental, e afirmam que nesta área ainda não se realizaram pesquisas exaustivas, necessárias para tentar elucidar a eventual relação entre estes dois fenómenos: doença mental e perigosidade criminal.

Apesar de todas as limitações enunciadas, o perito forense (psiquiatra ou psicólogo) é chamado a informar sobre a eventual cessação do estado de perigosidade do indivíduo que se encontra a cumprir medida de segurança – é o denominado "Exame de Verificação de Cessação de Perigosidade" (EVCP). Trata-se de um exame psicoforense, que tem como objectivo avaliar se cessou ou não o estado de perigosidade que deu origem ao internamento e cumprimento da medida de segurança (id.).

4. Os Sistemas de Justiça Anglo-Saxónicos

4.1. *Evolução Histórica*

A abordagem da insanidade mental, nomeadamente através da sua regulamentação jurídica (*insanity defense*[2]) e tratamento psiquiátrico, tem sido alvo de muita discussão, nem sempre consensual.

Insanidade mental, segundo Giorgi-Guarnieri e colaboradores (2002), é um constructo legal, que em certas circunstâncias, desculpa os arguidos com doença mental, da responsabilidade legal dos actos ilícitos que cometem.

O mais importante requisito para que alguém possa ser processado criminalmente num tribunal norte-americano é o de que seja considerado mentalmente apto para essa finalidade. É o que se denomina *"competent to stand trial"* (estar capaz para ser processado e julgado, em tradução livre). Essa exigência remonta às origens medievais da *common law*, quando o destino do acusado se decidia durante a assembleia da sua tribo, não sendo possível o julgamento *in absentia*.

Nesses países, a presença física do réu durante as sessões do tribunal é imprescindível, não existindo a possibilidade de ser julgado à revelia como acontece na Europa.

Este requisito foi evoluindo com o tempo, complexificando-se e incluindo a necessidade de o arguido estar presente não apenas em corpo, mas também em espírito. Isto é, que seja capaz de intervir efectivamente na sua defesa. No sistema criminal americano, a avaliação da competência para se apresentar em Tribunal é a mais frequentemente solicitada aos psicólogos forenses (Ackerman, 1999).

---

[2] *insanity defense* é o equivalente na legislação portuguesa à determinação de Inimputabilidade em razão de anomalia psíquica

Para que um indivíduo possa ser considerado capaz para ser processado e julgado, este deve demonstrar suficiente capacidade para se comunicar com o seu advogado dentro de um razoável nível de compreensão e ter um entendimento racional e factual dos procedimentos (Davison e Neale, 1998, citados por Taborda e col., 2004).

Para abordar o tema da defesa por insanidade – também designado insanidade na altura do cometimento do acto (*"insanity at the time of the act..."*) ou ausência de responsabilidade criminal (*"criminal non-responsibility"*) – pode ser útil fazer a distinção das questões e critérios presentes nestas duas avaliações: "estar capaz para ser processado e julgado" e "insanidade".

A capacidade para ser processado e julgado avalia-se através de um exame efectuado no momento presente (*here-and-now*). Contudo, a avaliação da "insanidade" é retrospectiva e longitudinal (*there-and--then*), reportando-se ao momento do cometimento do acto ilícito, que pode ter ocorrido há vários anos. A capacidade para ser processado e julgado depende do estado mental actual do arguido, enquanto que numa defesa por "insanidade", toda a sua vida pode ser importante. Gutheil (1999), comparar a primeira a uma fotografia e a segunda a um filme.

De seguida faremos uma "viagem" pelos estudos que se foram desenvolvendo nos países anglo-saxónicos sobre esta matéria, desde o Séc. VI até aos nossos dias.

HISTÓRIA PRÉ-M'NAGHTEN

Alguns comentários em escrituras Hebraicas do Séc. VI, já faziam distinção entre ofensas nas quais se poderia atribuir culpa, e outras que ocorriam sem culpa. As ofensas cometidas por crianças eram exemplos destas últimas, dado serem incapazes de ponderar as implicações morais do seu comportamento pessoal, mesmo quando agindo deliberadamente, assim como as ofensas cometidas por pessoas com atraso mental e doença mental, que eram comparadas a crianças (Giorgi-Guarnieri e cols., 2002).

No Séc. XII, começaram a levantar-se questões sobre a "maldade" (*wrongfulness*) moral na lei pré-Inglesa, que introduziu o conceito de loucura (*madness*), e sua relação com a culpabilidade. Os Lordes começaram a conceder o perdão a indivíduos que eram condenados por crime, mas que apresentavam sinais óbvios de loucura. Estes perdões, normalmente, remetiam o acusado para tratamento em instituições de saúde mental, e não para a prisão. Infelizmente, tanto as instituições de saúde mental como as prisões não dispunham nem de instalações, nem de tratamento apropriado para os doentes mentais profundos. A concessão de perdão, no entanto, permitia preservar a dignidade do processo legal.

No Séc. XIII, o conceito de errado da moral cristã, foi absorvido pela legislação comum Inglesa, mas requeria a presença simultânea de um acto criminoso (*actus reus*) e de uma mente culpada (*mens rea*). Henry Bracton, citado por Guarnieri e cols. (2002), autor do primeiro estudo sobre legislação Inglesa, referia que os doentes mentais e as crianças não eram capazes de formar uma "intenção culpada" (*guilty intent*), porque não tinham capacidade de associar a intenção à vontade para fazer o mal.

No que concerne às crianças, a lei comum adquiriu a sua forma actual, entre o Séc. V e a altura do "Lord Coke", no Séc. XVII. A doutrina "*doli incapax*", encontrada na lei comum, consistia numa presunção irrefutável de que as crianças com idade inferior a 7 anos eram incapazes de cometer um crime. Contudo, entre as idades de 7 e 13 anos (inclusive), a incapacidade era presumida, mas aberta a discussão. A presunção irrefutável podia ser ultrapassada se a acusação provasse que a criança era suficientemente inteligente para distinguir entre certo e errado ("*right and wrong*"), ou entre o bem e o mal ("*good and evil*"), e, portanto, com noção e entendimento da natureza do acto praticado (Giorgi-Guarnieri e cols., 2002).

Antes do caso M'Naghten (ver à frente), os juristas Ingleses fizeram várias tentativas para encontrar o teste correcto para a detecção de "insanidade". O "*wild beast test*" da "Justice Tracy" no caso Arnold (1723) dizia que " um homem tem que ser *totalmente privado* (com ênfase nesta expressão) de percepção e de memória, e, portanto, não saber o que faz, tal qual uma criança,... um bruto, ou uma besta selvagem...." para ser considerado inimputável (ibidem).

Outros testes Ingleses foram surgindo, tal como "*offspring of a delusion*" patrocinado por Thomas Erskine no julgamento Hadfield em 1800. A relevância deste teste teve a ver com o facto de considerar que a insanidade pode ser parcial e não total.

Outra das influências importantes neste período foi o *"Treatise on the Medical Jurisprudence of Insanity"* de Isaac Ray, escrito em 1838. O autor manifesta a sua preocupação acerca dos testes que apenas têm em conta o aspecto cognitivo e descartam o aspecto volitivo. O caso de Edward Oxford (1840), levou a propor a criação de um teste volitivo ou comportamental que introduzisse o conceito de *impulso irresistível*. Esse teste permitia que um arguido fosse absolvido se, em resultado de desordem mental, este não conseguisse controlar o impulso que o levava a cometer um crime. O referido teste foi posteriormente patrocinado por Sir Fitz-James Stephen. Contudo, a rainha Vitória não ficou satisfeita com a absolvição de Oxford, já que o alvo da tentativa de regicídio foi ela própria. A rainha era da opinião que uma pessoa doente mental que cometesse um crime, ainda que na forma tentada, deveria ser responsabilizado pelo acto, chegando a referir:

"...A punição actua como agente dissuasor não só de homens sãos, mas também de homens excêntricos, cujos actos supostamente involuntários são na realidade causados por doença mental, que os torna alvos fáceis de influências externas.

O conhecimento de que podem vir a ser absolvidos com base em insanidade, encoraja estes homens a cometer actos desesperados, enquanto que a certeza de que não escapam à punição fará com que tenham uma atitude pacífica em relação aos outros" (cit. em Giorgi-Guarnieri e cols. 2002).

"... Punishment deters not only sane me but also eccentric men, whose supposed involuntary acts are really produced by a diseased brain capable of being acted upon by external influence.

A knowledge that they would be protected by an acquittal on the grounds of insanity will encourage these men to commit desperate acts, while on the other hand certainty that they will not escape punishment will terrify them into a peaceful attitude towards others" (cit. em Giorgi-Guarnieri e cols. 2002).

A grande variedade de testes cognitivos e comportamentais, as incertezas acerca da defesa por "insanidade" e o desconforto da rainha com o resultado do caso Oxford, prepararam o terreno para o caso mais mediático na Inglaterra do Séc. XIX: o caso M'Naghten (1843).

A REGRA DE M'NAGHTEN ("THE M'NAGHTEN RULE")

O primeiro e mais importante caso de defesa de "insanidade" relevante para o enquadramento histórico do funcionamento do sistema de justiça anglo-saxónico, nomeadamente no que respeita à avaliação da responsabilidade criminal, foi o caso de Daniel McNaughten, em Inglaterra, no ano de 1843.

Esta situação surgiu num tribunal Londrino, e tem servido como paradigma para todos os países de língua inglesa. É conhecida como "M'Naghten Rule" visto ter sido formulada no julgamento de Daniel M'Naghten. Tratava-se de um torneiro escocês que, acreditando-se perseguido pelo Partido Conservador, tentou matar o Primeiro-ministro britânico *Sir Robert Peel*, obedecendo a um "comando da voz de Deus" e acabando por ferir mortalmente o seu secretário. Todos os Psiquiatras que o observaram foram unânimes em considerar que se tratava de um indivíduo que sofria de doença mental séria, apresentando delírios graves. Acabou por ser considerado inimputável.

O veredicto de absolvição causou forte reacção na opinião pública e, mesmo, na Rainha Vitoria, que mandou indagar à Câmara dos Lordes o motivo pelo qual o réu não era responsabilizado pelo acto cometido. A resposta a esta questão viria a ser a essência da *M'Naghten rule*, assim enunciada:

> "Para prevalecer a defesa por insanidade, deve ser claramente provado que, ao tempo da prática do acto, o agente agiu sob defeito de raciocínio tal, originado de doença da mente, de forma a não saber a natureza e a qualidade do acto que estava a realizar ou, se soubesse, de não conseguir discriminar que o que fazia era errado" (Taborda, Chalub, Abdalla-Filho e col., 2004).

Esta regra privilegia apenas o elemento *cognitivo* do acto criminoso, ou seja, para que um arguido seja considerado imputável (*"sane"*), bastaria saber a natureza e a qualidade do acto que estava a praticar ou saber que era errado.

A regra disseminou-se rapidamente pelos Estados Unidos, de tal forma que no final do Séc. XIX vigorava em todos os tribunais estaduais, à excepção de New Hampshire, e em todos os tribunais federais. Actualmente é o único critério de "insanidade" utilizado em 18 estados norte-americanos (id.).

No rescaldo deste caso surge o chamado teste de McNaughten . ou teste de "certo-errado". Este teste era composto por duas partes: a primeira parte destina-se a avaliar o facto de um indivíduo se encontrar tão doente mentalmente, ao ponto de não saber a natureza nem a qualidade do acto que estava a praticar (Shapiro, 1999). Um dos exemplos utilizados para ilustrar este tipo de situação é o de um homem que estrangulou outra pessoa e que disse posteriormente que pensava estar a espremer um limão, e não, como de facto aconteceu, a estrangular alguém. Este indivíduo não teria tido noção da natureza nem da qualidade do acto que praticou.

Outro exemplo sobejamente referido é o de um doente mental que achava divertido decapitar outra pessoa, porque pensava que poderia ser engraçado esta ter que procurar a sua própria cabeça quando acordasse na manhã seguinte. Obviamente que este indivíduo não compreendia a qualidade do acto, nomeadamente que a decapitação provocaria a morte.

Na segunda parte do teste de McNaughten pretende-se saber se, mesmo que a pessoa entendesse a natureza e qualidade do acto que praticou, se seria capaz de perceber que o acto que praticou era errado, em virtude de doença mental de que padecia.

Este teste tem sido criticado nos anos mais recentes, por pessoas que entendem que propõe exclusivamente critérios de avaliação *cognitiva* (entendimento ou conhecimento do que é certo e do que é errado), e não tem em consideração a natureza do ser humano.

Segundo Shapiro (1999), poucos anos antes do aparecimento da *M'Naghten Rule* surge no Estado de Ohio, em 1834, o segundo maior desenvolvimento do pensamento relativamente à responsabilidade criminal, sob a forma do chamado "teste do impulso irresistível" *("irresistible impulse test")*, em que o arguido não evidencia capacidade para controlar o seu comportamento.

O impulso irresistível foi definido da seguinte forma por Taborda e cols. (2004):

> Se um impulso ou desejo patológico, que a pessoa não pode controlar, compeliu-a à prática do acto criminoso, uma defesa por insanidade estava correcta.

Este modelo, ao contrário do anterior, encontra-se exclusivamente focalizado no aspecto *volitivo* do acto criminal, não devendo o tribunal indagar sobre a compreensão de "certo" ou "errado", nem da natureza do acto que teria sido praticado pelo acusado.

Foi um critério que teve maior dificuldade em se impor, sendo habitualmente usado como complemento ao teste de M'Naghten e não como critério único na determinação da responsabilidade criminal.

Se um indivíduo é portador de doença mental, pode ser desculpado (não responsabilizado) criminalmente, se:

(a) não entender a natureza e a qualidade do acto que pratica ou,
(b) não souber se o acto praticado é certo ou errado ou ainda,
(c) foi irresistivelmente compelido a cometer esse acto.

O problema aqui reside, obviamente, na dificuldade prática da definição da "irresistibilidade" do acto, e da determinação do grau necessário para que este seja irresistível. Qual é a diferença, por exemplo, entre um "impulso irresistível" e um "impulso não resistido"? Ou seja, qual a diferença entre um impulso que o indivíduo *"não consegue"* controlar e um impulso em que este *"opta"* por não controlar?

Muitos profissionais de saúde mental afirmaram que as definições dadas eram demasiado restritivas, e que o *aspecto cognitivo* por si só, seria uma base pouco sólida sobre a qual se pudesse emitir uma opinião acerca do estado mental de alguém, na altura do cometimento do ilícito.

Segundo Taborda (2001, 2004), os vários tribunais norte-americanos, estaduais ou federais, mantiveram-se a oscilar entre os dois modelos até 1950.

HISTÓRIA PÓS M'NAGHTEN

Em 1954, os Tribunais responderam com o chamado "teste do produto" (*product test*), mais conhecido como Teste de Durham. Este teste diz que um *acusado* não é criminalmente responsável, se a actividade criminal for produto de doença ou defeito mental (Shapiro, 1999).

O teste de Durham também enfrentou algumas críticas e problemas. Primeiro, o termo "produto de" é excessivamente vago. Alguma manipulação da teoria da personalidade psicodinâmica, pode resultar na convicção de que virtualmente qualquer coisa pode desencadear ou causar qualquer coisa. A segunda, e talvez mais crítica, é o facto de que em nenhum momento o termo "doença ou defeito mental" é definido, o que implica que cada profissional tenha que o definir, caso a caso. Como foi referido anteriormente, este facto levou a que não existisse uniformidade na forma como os exames eram conduzidos para a definição de doença ou defeito mental, bem como na definição do termo "produto de...".

O Juiz David Bazelon, ao introduzir o teste de Durham, adoptou uma regra já anteriormente utilizada (1870) por um dos psiquiatras forenses norte-americanos mais importante do Séc. XIX – Isaac Ray. O seu objectivo foi o de simplificar o processo de avaliação do acusado, valorizando apenas a eventual existência de doença mental e libertando o perito psicoforense para aplicar os seus conhecimentos técnicos sem se restringir ao facto de ter que considerar impulsos, ou a noção de certo ou errado.

A falta de resposta na definição do termo "produto de", fez com que em vários tribunais onde este teste era utilizado, surgissem opiniões muito díspares que resultaram numa interpretação demasiado restritiva ou demasiado alargada do termo. Uma das infelizes consequências da utilização do teste de Durham e da indefinição do termo "produto de", foi que muitos tribunais concluíram que os profissionais da saúde mental estavam a ter um papel de decisão muito preponderante, uma vez que emitiam opiniões conclusivas e que os juízes e jurados apenas se limitavam a "colar" a estas opiniões, não exercendo de facto o papel que lhes estava instituído.

Esta regra, apesar de inicialmente ter tido um bom acolhimento, com o tempo revelou-se de difícil aplicação e, desde 1972, não voltou a ser utilizada.

O marco seguinte no campo da definição da responsabilidade criminal, baseou-se no caso de McDonald *versus* EUA (1962), no qual o Tribunal fez uma tentativa de definição legal do termo "doença ou defeito mental". Segundo Shapiro (id.), foi definido como qualquer condição anormal da mente que afecte substancialmente processos mentais ou emocionais, e que perturbe substancialmente o controlo comportamental. O intento desta definição era o de reduzir o tipo e o leque de doenças mentais que poderiam ser "utilizadas" em tribunal para alegação de defesa de insanidade mental. Na sua essência, esta definição diz-nos que nem todas as situações diagnosticadas podem resultar na desresponsabilização criminal de uma pessoa; ou seja, terá que existir uma situação que revele evidente perturbação de processos mentais ou emocionais e de controlo comportamental.

No caso Washington *versus* EUA (1967), o tribunal decidiu que um perito forense pode testemunhar acerca do desenvolvimento e adaptação do indivíduo, da forma como funciona, e se uma determinada doença ou defeito pode ou não perturbar o seu controlo comportamental. Contudo, o perito não pode emitir juízos de valor, sobre se o comportamento criminal é ou não "produto dessa doença ou defeito mental". Esta é uma questão a que os juízes e jurados têm que responder, pesando e avaliando todos os testemunhos, incluindo o dos peritos.

Depois de Durham, e modificada pela jurisprudência emanada dos casos de McDonald e Washington, o Modelo de Código Penal de ALI – *American Law Institute Model Penal Code* (Section 4.01 – 1962) foi adoptado enquanto Lei Federal no caso EUA *versus* Brawner (1972).

O Modelo de Código Penal de ALI tinha como finalidade ser um instrumento mais objectivo do que a *Durham Rule* e mais actual do que a *M'Naghten Rule* e dedica duas das suas linhas de orientação a definir a *insanity defense* da seguinte forma (ALI, 1962):

> 1. "Uma pessoa não é responsável pela sua conduta criminal se, ao tempo de tal conduta, como resultado de um defeito ou doença mental, não possui capacidade substancial de avaliar a criminalidade (iniquidade) da sua conduta ou de adaptá-la às exigências da lei.

> 2. Na forma em que é utilizado neste artigo, os termos «defeito ou doença mental» não incluem uma anormalidade que se manifeste somente por conduta criminosa ou por qualquer forma anti-social repetitiva" (Taborda, Chalub, Abdalla-Filho e col., 2004).

Este modelo diz-nos que um indivíduo não é criminalmente responsável se, em virtude de doença ou defeito mental, não tiver capacidade substancial para compreender que o seu comportamento é errado (às vezes designado criminal), ou existe falta de capacidade para ter um comportamento em conformidade com os requisitos da lei. Em algumas Jurisdições existiram aditamentos a este código que permitiram a introdução do conceito de "capacidade diminuída", definida como: resultado de doença ou defeito mental, que leva à falta do requisito específico necessário para premeditar o cometimento do alegado crime (Shapiro, 1999).

O modelo do Código Penal do ALI, segundo Shapiro (id.), veio acrescentar que, doenças mentais cuja manifestação resultasse num comportamento criminal repetido, fossem excluídas do âmbito deste teste. Ou seja, este teste elimina a utilização de defesa por insanidade por pessoas diagnosticadas como tendo perturbação de personalidade anti-social, psicopatia ou sociopatia. Também Taborda e colaboradores (2004) referem que desta forma se previne que pessoas com dificuldade para controlar impulsos em função de transtorno da personalidade anti-social, ou alguma outra patologia correlacionada, possam vir a ser considerados inimputáveis.

Este modelo foi posto em causa apenas em 1981, após o caso de John Hinckley (tentativa de assassinato do Presidente Reagan). Hinckley alegou defesa em razão de "insanidade" e, efectivamente, conseguiu a absolvição em Julho de 1982. Hinckley foi julgado num Tribunal Federal, onde a acusação suportou o "fardo" de refutar uma defesa por "insanidade mental", ao nível de prova "além da dúvida razoável" (*beyond reasonable doubt*). Ou seja, a defesa apenas teve que criar uma "dúvida razoável" de "insanidade" no espírito dos jurados, tornando-se assim mais difícil à acusação provar que alguém é imputável, sobretudo quando os jurados são confrontados com testemunhos de peritos, muitas vezes contraditórios (Shapiro, 1999).

A insatisfação do público gerada pela absolvição de Hinckley em razão de insanidade, levou a que o Congresso dos EUA desse início a uma recolha de informação e debatesse a hipótese de introduzir alterações no modelo Federal. O Congresso solicitou opiniões a várias organizações profissionais e o resultado foi o *Insanity Defense Reform Act* (IDRA) de 1984.

Esta nova regra vigora, desde essa data, nos tribunais federais e requer a prova de doença ou defeito mental grave, que torne o indivíduo incapaz de entender a natureza e qualidade do seu acto, ou que este é errado (id.). Isto é, basicamente, um retorno ao modelo de McNaughten e em certos casos, é ainda mais restritivo, porque diz que a doença ou defeito mental deve ser grave. As organizações envolvidas no processo recomendaram que a vertente *volitiva* do modelo ALI (falta substancial de capacidade para ter um comportamento em conformidade com os requisitos da lei) fosse descartada. Taborda e cols. (2004) Referem que esta recomendação foi tida em conta, e o teste baseia-se apenas nos aspectos cognitivos. Existe a restrição da parte cognitiva, através da substituição da expressão *" (lack of) substatial capacity to (...) appreciate"* por *"unable to appreciate"*.

O novo modelo não permite que o perito testemunhe em casos de "insanidade" ou de capacidade diminuída. Do ponto de vista das implicações clínicas deste decreto, os peritos psicoforenses terão claramente que tentar evitar qualquer sugestão de abordagem de questões legais e terão igualmente, que ter cuidados extra ao olhar para os critérios de absolvição por "insanidade". A perda de controlo de impulsos, independentemente dos seus fundamentos, não pode ser considerada no julgamento de "insanidade" e o leque de doenças ou defeitos mentais usados como base de prova para absolvição por "insanidade mental" está também mais restringido (anteriormente, quando o acusado recorresse à defesa por "insanidade", caberia à acusação provar que era criminalmente responsável; pela nova regra, a defesa deve provar a inimputabilidade).

Muitos dos clínicos que trabalham em organizações que estão sob a alçada Federal expressam grandes reservas acerca das restrições impostas pelo IDRA. De facto, pode-se encontrar, e muitas vezes acontece, indivíduos cujo comportamento criminal é motivado por um delírio. Contudo o seu comportamento na altura do cometimento do alegado crime, indica claramente o reconhecimento do erro daquele comportamento, apesar dos contornos do seu delírio. O pensamento delirante e o seu efeito no comportamento criminal do indivíduo seriam adequadamente tratados, se ainda existisse a vertente *volitiva* no teste, mas esta foi eliminada e abolida (Shapiro, 1999).

Portanto, os técnicos de saúde que trabalham nestes contextos, são confrontados com o desconfortável dilema de indicar que um indivíduo portador de uma psicose crónica, cujo comportamento é motivado por um conjunto de delírios, pode ser julgado e responsabilizado pelos seus actos, já que a avaliação do seu comportamento na altura do alegado crime indica algum reconhecimento de que a prática do mesmo estava errada.

80   *A Doença Mental (des)culpada*

Nos tribunais estaduais, pelo contrário, não existe um único modelo de actuação. Existem jurisdições que adoptam mais do que uma combinação de modelos de avaliação, dependendo da natureza do caso que se encontrar em julgamento (Taborda, Chalub, Abdalla-Filho e col., 2004).

4.2. *Noção de Responsabilidade Criminal e Conceitos Afins*

É comummente aceite que a noção de irresponsabilidade existe desde antes da existência da psiquiatria. Dever-se-á ter em conta, contudo, que a determinação da abrangência da "loucura", e da "malevolência", permanece problemática.

A psiquiatria e a psicologia, enquanto especialidades envolvidas neste processo, deveriam contribuir, para a implementação de rigor científico neste domínio. A avaliação do estado mental de um "malfeitor"na altura do cometimento do acto é complexa e subjectiva.

O testemunho do perito intervém de diferentes modos, de acordo com o sistema legal utilizado. Contudo, ao efectuar uma revisão bibliográfica da literatura, ressalta uma importante consideração que é comum a todos os sistemas: qual o critério que o técnico psicoforense (psiquiatra ou psicólogo) deve utilizar na determinação da responsabilidade criminal de um acusado, na altura do cometimento do crime?

Alguns casos são marcos importantes na história da psiquiatria e da jurisprudência anglo-saxónica (*M'Naghten, Durham, Hinckley*), e podem, assim, servir de guia ao perito no desempenho da sua tarefa. Em algumas situações, o papel do perito é determinado pela legislação, como é o caso da Europa. Contudo, a questão da responsabilidade criminal pertence, na sua essência, ao domínio da avaliação psicoforense. Os ataques mais radicais a este facto, como a abolição da defesa por "insanidade" (*insanity defense*) em alguns dos Estados, nos EUA, apenas vieram provar que é impossível rodear a questão da "insanidade", porque esta aparece invariavelmente em qualquer altura (McQuillan, 2000).

A questão da avaliação da responsabilidade está correlacionada com o treino profissional, a ideologia política, as convicções pessoais de irresponsabilidade, bem como outros aspectos dependentes unicamente da experiência pessoal.

Num amplo estudo efectuado a profissionais de saúde, Beckham, Annis & Gustafson (1989), citados por McQuillan (2000), mostram que a diferença de actuação entre psicólogos e psiquiatras, está principalmente relacionada com a forma como cada um lida com a informação que recebe.

A única tentativa para colmatar estas discrepâncias, surgiu com o *"Rogers Criminal Responsibility Assessment Scale"* (R – CRAS), que foi desenvolvido com o objectivo de ajudar a determinar a responsabilidade criminal (McQuillan, 2000). Embora reconhecendo as dificuldades de validação, o autor acredita que a qualidade da avaliação efectuada é muito superior à utilizada nas abordagens tradicionais. Esta escala foi bastante criticada, sobretudo pelas suas bases não-científicas (Goldstein, 1992, citado por McQuillan, 2000).

Apesar das limitações referidas, como se trata do modelo mais conhecido para avaliação da responsabilidade criminal, optamos por utilizá-lo no nosso estudo, pelo que se segue uma breve revisão dos padrões Legais aplicados no R-CRAS (utilizado na parte prática desta investigação e do qual falaremos em detalhe à frente) na determinação da responsabilidade criminal. Inclui o padrão de Insanidade desenvolvido pelo *"American Law Institute"* (1962), o padrão *"Guilty But Mentally Ill"* (GBMI) baseado no Estatuto de Michigan de 1975, e o padrão de Insanidade de M'Naghten.

4.2.1. *Padrão de Insanidade Mental de ALI ("ALI Standard of Insanity")*

O padrão do "American Law Institute" (ALI) é o padrão de insanidade mais utilizado nos Estados Unidos da América (EUA), sendo empregue com algumas modificações em 29 Estados e em todas as Jurisdições Federais (Weiner, 1980, cit. por Rogers, 1981 e 1984).

Este padrão determina que:

"Um indivíduo não é responsável pela sua conduta criminal (i.e., *"insane"*), se, na altura de tal conduta, como resultado de doença ou defeito mental, não tiver capacidade substancial para avaliar a criminalidade (erro) da sua conduta, ou de adaptá-la às exigências da lei" (Rogers, 1984).

Da forma com estão definidos neste artigo, os termos "doença ou defeito mental" não incluem uma anomalia manifestada apenas por conduta criminal repetida, ou outro tipo de conduta anti-social.

Como referido por Brooks (1984), o padrão ALI engloba cinco conceitos operativos: (1) doença ou defeito mental, (2) falta substancial de capacidade, (3) avaliação, (4) incorrecção, e (5) adaptação da conduta às exigências da lei.

1) Doença ou Defeito Mental

Este conceito foi interpretado no caso *EUA vs Brawner* como mantendo a definição aceite em *McDonald vs EUA*, ou seja a doença ou defeito mental inclui qualquer condição anormal da mente que afecte substancialmente processos mentais ou emocionais e afecte substancialmente o controlo do comportamento (Rogers, 1984). Esta definição evita deliberadamente um excesso de confiança em rótulos de diagnóstico específicos e permite que o testemunho incorpore a gravidade da perturbação em complemento à doença mental específica.

2) Falta substancial de capacidade

Kaufman, citado por Rogers (1984) no caso *EUA vs. Freeman* referiu "substancial" como o reconhecimento de ausência de certezas em ciências comportamentais e como um *compromisso* entre "alguma" incapacidade, por um lado, e "total" incapacidade, por outro. Podemos pensar que o termo "substancial" pode ser considerado indefinido e susceptível de múltiplas interpretações.

3) Avaliação ("Appreciation")

O Supremo Tribunal da Califórnia, no caso *o Povo vs. Wolff* defende que o termo "*appreciate*" significa o tipo de conhecimento relevante, isto é, a noção da incorrecção do comportamento criminal. Um estudo efectuado ao conceito de "*appreciate*" no padrão ALI, diz-nos que "avaliar a incorrecção", refere-se primeiramente a um conhecimento cognitivo ou intelectual da conduta criminal. Posteriormente, o "*Fourth Circuit Court*", no caso *Wion vs EUA* também à luz do padrão

ALI, diz que "*appreciate*" é ser mentalmente capaz de saber o que estava a fazer, e que o que fez estava errado. Por isso, "*appreciate*" tem sido entendido, essencialmente, como um processo cognitivo, sem no entanto excluir uma componente emocional ou de compreensão (Rogers, 1984).

4) Incorrecção ("*Wrongfulness*")

No caso *EUA vs. Freeman*, o termo "Incorrecção" foi adoptado em alternativa a "criminalidade", com o objectivo de ter em conta os *pacientes/arguidos* que tinham a noção de que a sua conduta era criminal mas, como consequência da existência de delírios, acreditavam ser moralmente justificável. Esta argumentação foi originalmente utilizada em 1915 pelo Juiz *Cardozo* no caso *O Povo vs. Schmidt* (Rogers, 1984).

5) Adaptação da conduta às exigências da Lei

Como referiu Fingarette (1972), citado por Rogers (1984), este elemento é susceptível de indução em erro, uma vez que os aspectos cognitivos e voluntários do comportamento de um indivíduo estão interrelacionados com as suas acções ("overt actions"). No caso *EUA vs. Brawner*, e fazendo parte da definição de doença mental, o tribunal definiu "Controlo Comportamental" como o processo e capacidade de um indivíduo regular e controlar a sua conduta e as suas acções (Rogers, 1984). Esta é uma área de extensa discussão e debate.

Um elemento adicional que deve ser levado em consideração é o termo "como resultado de..." que é definido no caso *EUA vs. Brawner* como uma relação significativa entre a doença mental e o incidente (id.). O objectivo é acentuar a base da reacção, enquanto se retira a ênfase da produção de quesitos, tal como na regra de Durham.

Finalmente, na segunda parte do padrão ALI, a exclusão de anormalidade apenas manifestada por comportamentos criminais repetidos ou outras condutas anti-sociais, levantou várias questões relativamente a uma definição apropriada destes conceitos. Como foi referido por Overholser (1962, citado por Rogers, 1984), as personalidades psicopáticas incluem sintomatologia adicional e, portanto, não se enquadram especificamente nesta definição. Adicionalmente, no caso *EUA vs Collin's*, a interpretação de comportamento criminal repetido e de conduta anti-social foi seriamente questionada na forma como se poderia especificar. Foi questionado, também, se os "verdadeiros" psicopatas não teriam subjacente um distúrbio mental subsequente às suas manifestações comportamentais.

4.2.2. Padrão Culpado mas Com Doença Mental ("Guilty But Mentaly Ill") – GBMI

O padrão *"Guilty But Mentally Ill"* (GBMI) foi utilizado pela primeira vez na legislatura de Michigan em 1975 e foi adoptado desde então, com legislação similar, em mais 13 estados. Embora o propósito, eficácia e constitucionalidade deste modelo tenha sido sujeito a debate, pouca atenção tem sido dada à sua implementação específica e à sua relação com a perturbação mental.

Segundo Palmer e Hazelrigg (2000), a própria índole do transgressor doente mental tem sido um dos mais controversos temas da jurisprudência criminal. Ao longo dos últimos 20 anos, a indignação pública que rodeou várias absolvições por insanidade, levou a que os legisladores introduzissem alterações na forma e na aplicação da defesa por *"Not Guilty by Reason of Insanity"* (NGRI). Um dos resultados destas alterações foi o aparecimento do veredicto GBMI, que procura uma aproximação à teoria de que os agressores doentes mentais poderão ser responsabilizados pelos seus actos criminosos.

A controvérsia relativamente à aplicação e aos resultados da defesa de insanidade não termina com o veredicto de GBMI. Aliás, parece que o veredicto aumentou a confusão e o debate sobre a operacionalidade e quanto aos procedimentos criminais a adoptar quando a sanidade mental de um arguido é questionada.

Contudo, existem alguns conceitos gerais comuns a todos os modelos GBMI: (1) o indivíduo não se enquadra no modelo de defesa por insanidade; (2) na altura do cometimento do alegado crime o indivíduo era portador de "doença mental" definida legalmente; e, (3) a doença mental não inclui qualquer anormalidade apenas manifestada por conduta criminal ou anti-social (Rogers, 1984; Palmer e Hazelrigg, 2000).

Destes conceitos, o mais significativo e, ao mesmo tempo ambíguo, é a definição de doença mental. A maioria dos Estados modelaram a sua legislação de acordo com os estatuto de Michigan que define a doença mental como uma desordem substancial de pensamento ou comportamento que perturba significativamente o julgamento, comportamento, a capacidade de reconhecer a realidade, ou a capacidade de levar a cabo as obrigações normais da vida. (Rogers, 1984).

Os termos mais problemáticos na aplicação deste modelo na prática clínica são "desordem substancial" e "perturba significativamente", ambos requerendo alguma reflexão em relação à magnitude da "desordem" e do seu impacto no funcionamento do dia-a-dia do indivíduo. É de referir que os modelos GBMI se baseiam numa avaliação retrospectiva relativamente ao grau de perturbação mental na altura do crime, sem levar em conta a situação actual do paciente.

A aplicação do padrão GBMI permite ao Tribunal emitir a mesma sanção criminal que a um indivíduo "culpado". Posteriormente, é concedido ao arguido tratamento pelo *"Department of Corrections"* ou pelo *"Department of Mental Health"*, como geralmente é indicado na avaliação. Finalmente, pode ser concedido ao indivíduo um regime de prova, assim que o tratamento estiver completo.

Note-se que o regime de prova também está previsto no CP Português, encontrando-se definido como uma modalidade de suspensão de execução da pena, com deveres e regras de conduta, acentuando a vertente responsabilizadora e ressocializadora (art. 53 e seguintes).

Examinando a literatura referente ao veredicto GBMI conclui-se que este surge como uma resposta a vários crimes altamente mediatizados, nos quais os arguidos foram considerados "não culpados em razão de insanidade mental" (*"Not Guilty By Reason of Insanity"*) – NGRI. O estatuto de Michigan do GBMI foi decretado após uma decisão do Supremo Tribunal no caso *People vs McQuillan*, que determinou a inconstitucionalidade da pena de prisão por tempo indefinido a indivíduos NGRI. Esta decisão levou à libertação imediata de 214 indivíduos NGRI e, pouco tempo depois, dois deles cometeram crimes violentos, que foram altamente publicitados e que levaram a uma maior contestação pública do veredicto de NGRI.

O estatuto do padrão GBMI foi decretado no ano seguinte em resposta a esta contestação. Numa cadeia de eventos similar, John

Hinckley foi considerado NGRI no julgamento a que foi sujeito após a tentativa de assassinato do Presidente Reagan, em 1982, o que levou a uma insatisfação generalizada em relação a este veredicto, clamando--se por uma reforma do sistema de *"insanity defense"*. Reagindo a este incidente, pelo menos 8 estados adoptaram o padrão GBMI, aumentando posteriormente o total de estados para 13 (Palmer e Hazelrigg, 2000).

Segundo Palmer e Hazelrigg (id.), as situações de defesa por insanidade mental, podem levar a uma má interpretação, do veredicto de NGRI, por parte do público temendo que a invocação deste tipo de defesa possa ser utilizada abusivamente. Na verdade, um estudo levado a cabo por Pasewark e colaboradores, indica que a defesa por insanidade mental era utilizada em menos de 0,5% de todos os casos criminais estudados. Num estudo comparável, Janofsky e colegas, observaram que 1,2% dos arguidos em casos criminais entraram com um pedido de insanidade mental durante o ano que durou o estudo, mas apenas 0,001% mantiveram a alegação até ao julgamento.

Uma segunda má percepção do veredicto de NGRI é a de que a invocação de defesa por insanidade mental tem sucesso frequente. Dados recolhidos pelos dois estudos mencionados anteriormente indicam claramente que tal não é verdade, e que a indignação pública relativamente a veredictos NGRI, é devida a uma má percepção do sucesso obtido por tais alegações.

De facto, muitas pessoas temem que a alegação de insanidade mental seja um meio para os criminosos escaparem da prisão, ou a penas mais pesadas. Estudos efectuados em Nova York concluíram que o tempo de prisão para indivíduos condenados por crimes graves e o tempo de internamento de indivíduos julgados NGRI não é muito diferente.

Estas reacções desproporcionadas por parte da opinião pública em relação a veredictos NGRI mais mediatizados levaram a que os proponentes do padrão GBMI dessem demasiada importância a problemas que na prática não se verificavam, ou que não eram significativos.

Em resposta a todas estas preocupações manifestadas acerca do veredicto NGRI, os legisladores definiram e decretaram o padrão GBMI com várias intenções e objectivos: (1) proteger a sociedade de criminosos; (2) responsabilizar criminalmente os transgressores pelos seus actos; (3) reduzir o número de absolvições por NGRI; e, (4) providenciar tratamento adequado aos criminosos que sofrem de doença mental.

Passaremos a explicitar mais detalhadamente esses objectivos:

(1) O objectivo mais claro do padrão GBMI passou essencialmente pelo desejo do legislador de protecção da sociedade. Como foi referido nas regras do tribunal de Michigan, o principal objectivo do padrão é o de proteger a sociedade da violência infligida por pessoas com doença mental, que escapam pelas falhas existentes no sistema de justiça criminal (Palmer e Hazelrigg, 2000).

(2) Outra clara intenção do GBMI será a de responsabilizar criminalmente os infractores pelos seus actos ilícitos. Esta intenção é evidente no texto do estatuto, bem como o facto da cláusula *"but mentally ill"* não relevar para o sentimento de culpa.

(3) O objectivo de reduzir o número de absolvições por NGRI é outra clara intenção do legislador ao instituir o padrão GBMI, especialmente naquelas situações cuja abordagem parece ter sido inapropriada, uma vez que se baseou no comportamento bizarro ou hediondo dos arguidos e não na consideração legal de insanidade. A introdução do GBMI tenta minimizar este tipo de problemas. A proposta de um padrão de "compromisso" em que a presença de desordem mental não afectaria a responsabilidade criminal do arguido, foi efectuada pelos legisladores. Em suma, como referido por Blunt e Stock, o veredicto de GBMI cria um compromisso pelo qual o arguido pode ser considerado como tendo uma "mente perturbada" e ser, ao mesmo tempo, criminalmente responsável. Por esta razão, alguns consideram que o estatuto deveria ser *"guilty and mentally ill"* tal como considerado no Estado do Utah.

Ainda na opinião de Palmer e Hazrlrigg (id.), a intenção final atribuída ao GBMI é a de providenciar tratamento especializado a criminosos que sofrem de doença mental. Parece, no entanto, que tal é uma inferência da lei e não uma intenção legal específica. De facto, o tratamento para os arguidos julgados GBMI tem muito pouco, ou nenhum, suporte no sistema legal. No Estado de Illinois, por exemplo, o estatuto GBMI foi aprovado unanimemente, sem mencionar a obrigatoriedade de tratamento involuntário. O mesmo se aplica na Georgia, em que os arguidos recebem tratamento apenas se existirem recursos financeiros para tal. Muitas das decisões GBMI aprovadas colocam nas mãos do *"Department of Corrections"* ou no *"Department of Mental Health"* as decisões quanto ao tratamento. O objectivo desta decisão é de que os condenados GBMI tenham o mesmo acesso a tratamento que qualquer outro arguido considerado culpado. Numa escala maior, o *"Illinois Court of Appeal"* legislou no sentido da falta de provisão de tratamento para indivíduos considerados GBMI não tornar o estatuto inconstitucional. Este padrão indica claramente que providenciar tratamento especializado a arguidos criminalmente responsáveis não é uma intenção explícita do estatuto GBMI. Como diz Finkel, citado por Palmer e Hazelrigg (id.) o objectivo ou motivo para uma opção de GBMI não deverá ser a reabilitação, porque a razão principal para aceder a uma opção de GBMI é a de punir aqueles que são culpados (id.).

Parece, assim, claro que (1) proteger a sociedade de criminosos; (2) responsabilizar criminalmente os delinquentes pelos seus actos; e (3) reduzir o n.º de absolvições por NGRI; são as intenções principais do estatuto de GBMI. Contudo, promover o tratamento dos criminosos que sofrem de doença mental não parece ser, lamentavelmente uma das intenções deste padrão.

Uma revisão mais exaustiva da literatura efectuada por Palmer e Hazelrigg (2000), sugere que os objectivos da legislação do GBMI não são atingidos. Em primeiro lugar, os arguidos sujeitos a este padrão não são de facto presos, como era intenção do estatuto, podendo ser submetidos a regime de prova. Existe alguma evidência sugerindo que os GBMI recebem penas mais longas e têm menor probabilidade de serem libertados, comparativamente com os que não têm doença mental, especialmente se cometerem crimes mais graves. Como tal, quando se verifica, a reclusão destes indivíduos para protecção da sociedade parece ser uma das intenções conseguidas do GBMI. Este padrão de reclusão contrasta com as decisões de longos internamentos em sistema prisional dos arguidos NGRI.

Em segundo lugar, parece que o padrão GBMI teve consequências negativas não intencionais, tais como a confusão dos jurados (dado o seu desconhecimento dos elementos que constituem os vários padrões) e um possível aumento de veredictos inadequados.

Como referem Blau e Pasework (cits. por Palmer e Hazelrigg 2000) as soluções mal concebidas levam igualmente a complexos dilemas filosóficos e a outros problemas. Ultimamente, enquanto parece que o veredicto GBMI é uma tentativa de olhar para questões legais e filosóficas complexas à volta dos doentes mentais criminosos, o estatuto foi classificado como tendo falhas consideráveis na definição e na aplicação.

De acordo com os autores, estes resultados não devem constituir surpresa em legislação decretada como resposta a pressões públicas, e más interpretações e não como resultado de análises científicas, racionais e legais.

4.2.3. *Padrão de Insanidade Mental de M' Naghten*

No que respeita à insanidade, o modelo de M'Naghten, ou "regra de certo ou errado" (*"wright-wrong rule"*), serviu de base à jurisprudência norte americana desde o Século XIX, e continua a ser empregue em mais de 20 Estados, com algumas modificações.

Este padrão diz-nos que para prevalecer a defesa por "insanidade", deve ser claramente provado que, na altura do cometimento do acto, o agente estava sob efeito de raciocínio tal, originado de doença da mente, de forma a não saber a natureza e a qualidade do acto que estava a praticar ou, se soubesse, de não conseguir discriminar que o que fazia era errado (Taborda e col., 2004).

Brooks (1974, citado por Rogers, 1984) enuncia um excelente resumo dos conceitos específicos utilizados no modelo de M'Naghten:

- Defeito da razão – *"defect of reason"* refere-se a um substancial defeito de pensamento racional na capacidade individual;

- Conhecimento – *"know"* é empregue para designar especificamente uma apreensão primária "cognitiva" ou "intelectual" da consciência dos acontecimentos;

- "Natureza e Qualidade do Acto" trata-se de um teste à consciência que o indivíduo tem do que está a fazer (i.e. "natu-

reza") bem como a tentativa de compreensão em relação ao significado e consequências da sua conduta (i.e. "qualidade");
– "INCORRECÇÃO" – "*WRONGFULNESS*" é definido por Fingarette (1972) como incluindo ou os aspectos *legais* ou os aspectos *morais* da "incorrecção" no delineamento deste padrão. Tanto na "Lei de Casos" como na "Teoria Legal" (Brooks, 1974), a opinião divide-se quanto à forma de considerar a abordagem *moral* e/ou *legal* do conceito de "incorrecção" neste padrão.

O padrão clássico de insanidade de M'Naghten é, assim, baseado essencialmente em *deficits* cognitivos tais que tornam o indivíduo incapaz de compreender o que estava a fazer ou de compreender a incorrecção do seu comportamento na vertente legal ou moral.

Deve-se ter em conta que este padrão, difere do padrão ALI no rigor da sua interpretação. Não existem quaisquer estudos empíricos disponíveis que se refiram ao facto de as diferenças nos padrões terem algum suporte real na avaliação clínica de insanidade, ou se de facto não são claramente entendidas pelos peritos examinadores forenses.

5. Os Sistemas de Justiça Nórdicos

Segundo Öjesjö (1986) e Nilsson (2003) embora a organização dos sistemas legal e de saúde mental seja diferente em cada um dos países Escandinavos – Dinamarca, Finlândia, Islândia, Noruega e Suécia – parece existir uma tendência geral, que aponta no sentido de converter a condenação a instituição prisional em internamento involuntário em instituição de saúde mental.

A legislação existente na Suécia, que advoga o tratamento psiquiátrico involuntário, foi introduzida em 1967. Ideologicamente, porém, podemos recuar até ao Séc. XIX, altura em que as desordens mentais graves principiam a ser consideradas como doença e, portanto, susceptíveis de tratamento. Os pacientes eram retirados do seu ambiente normal e colocados em instituições apropriadas, geograficamente isoladas, porque havia a noção de que os doentes mentais eram perigosos, socialmente disruptivos e inadequados.

Uma grande alteração aconteceu nos anos 50, quando os cuidados de saúde mental começaram a ser providenciados numa base voluntária e foi introduzido o tratamento com substâncias psicoactivas. Nos 30 anos seguintes, o planeamento do tratamento psiquiátrico adquire novos contornos, a favor de tratamentos mais abertos e menos institucionalizados, alicerçado no aumento da percepção da importância que as interacções biológicas, sociais e psicológicas têm no desenvolvimento de doenças mentais.

Na Suécia, o tratamento psiquiátrico involuntário pode efectuar--se se a pessoa sofre de doença ou perturbação mental com um grau de gravidade acentuado, em que o tratamento institucional é considerado imperativo.

A legislação específica refere que uma pessoa que sofra de doença ou desordem mental pode ser involuntariamente institucionalizada, se:

— não possuir compreensão em relação à sua doença e/ou estiver dependente de drogas, sendo o seu estado de saúde melhorado consideravelmente com tratamento e/ou agravado com a falta deste;

— for perigoso para si próprio ou para os outros;

— for incapaz de cuidar de si próprio;

— tiver um estilo de vida que possa prejudicar gravemente os outros;

— constituir perigo para a propriedade alheia, ou para qualquer outro tipo de interesse protegido por lei (apenas para doentes mentais sentenciados em tribunal criminal).

À luz do sistema actual, o internamento involuntário de doentes mentais requer, obrigatoriamente, a intervenção de dois médicos, um dos quais deve ser psiquiatra. Normalmente não são utilizados processos judiciais; apenas o são se o internamento do doente for, por alguma razão, contestado.

O período de tempo de internamento involuntário é, basicamente, indeterminado. Contudo, desde Janeiro de 1983, foi instituído que após um primeiro período de três meses, a necessidade de internamento deve ser reavaliada por uma comissão de acompanhamento. Caso se verifique a necessidade de prolongamento da medida, esta será reavaliada de seis em seis meses. Na Suécia e na Dinamarca, assim como na maior parte das jurisdições Norte Americanas, os doentes mentais sujeitos a internamento involuntário podem ser retidos involuntariamente, após hospitalização, se a sua condição assim o exigir.

A tendência actual, nos países Nórdicos, é cada vez mais a de promover tratamento psiquiátrico em ambulatório, como forma de prevenir que os indivíduos que se encontrem mentalmente descompensados possam vir a cometer possíveis crimes. O tratamento é efectuado em clínicas psiquiátricas adstritas a hospitais gerais, financiadas por programas comunitários e por seguros de saúde unificados.

Segundo Hoyer (1988), é um facto conhecido que, comparado com o mundo Ocidental, os países Escandinavos têm taxas muito baixas de "encarceramento", especialmente por ofensas graves, tais como roubo ou assalto. A gestão da situação dos doentes mentais que cometeram crimes nestes países é igualmente única. Embora cada "monarquia" tenha o seu próprio Código Penal e Processo Legal, existem semelhanças quanto à abordagem deste tipo de doentes que cometeram ilícitos.

Um princípio comum nos códigos Penais Escandinavos é o de que uma pessoa à qual não se reconhece capacidade para ser responsabilizada pelo seu comportamento, não pode ser punida. Contudo, não existe consenso quanto aos critérios a adoptar para a avaliação da responsabilidade criminal, nem para a determinação destas pessoas como inimputáveis.

Na Dinamarca e na Suécia, por exemplo, a capacidade dos arguidos perceberem as implicações e consequências da sua conduta, é um dos critérios de atribuição de responsabilidade criminal, enquanto na Noruega isto não acontece.

Embora a aplicação de sanções possa ser evitada para este tipo de arguidos, na maioria dos casos são aplicadas "sanções especiais". Quando um arguido doente mental não é sujeito a punição, pode ser sancionado com detenção preventiva em instituições especializadas, que fazem parte do sistema prisional e que são dirigidas pelo Ministério da Justiça.

Em 1989, o sistema prisional Norueguês dispunha de 133 camas em instituição de detenção preventiva, algumas das quais eram ocupadas por reclusos do regime comum. Na Suécia e na Dinamarca, no entanto, este tipo de acomodação não está disponível. No mesmo ano, instituições psiquiátricas acomodavam 139 arguidos doentes mentais na Dinamarca, 22 na Noruega e 65 na Suécia (Hoyer, 1988).

Enquadramento Teórico-conceptual 93

Os indivíduos doentes mentais que não forem sujeitos a punição, podem também ser internados em instituições psiquiátricas dirigidas pelas autoridades da saúde, como fazendo parte do serviço regular de saúde mental. Este sistema de saúde mental dispõe de alas psiquiátricas especiais de segurança máxima, com 25, 15 e 373 camas, na Dinamarca, Noruega e Suécia, respectivamente.

Conforme referido por Hoyer (1988), os arguidos portadores de doença mental não sujeitos a punição, são habitualmente submetidos a uma pena com limite máximo inicial pré-estabelecido. Esta medida pode ser renovada por um número de vezes ilimitado, se assim o entenderem as autoridades competentes. Um contratempo mencionado pelo autor é o facto de haver a possibilidade de os arguidos cumprirem mais tempo de internamento, nestas condições, do que se fossem sujeitos a uma pena de prisão.

Segundo Öjesjö (1986), a filosofia penal e legal nestes países desenvolveu-se a partir de uma ideologia geral de segurança, que advoga uma aproximação focada na reintegração e reabilitação do arguido e que enfatiza o processo de socialização.

Os indivíduos com doença mental sujeitos a punição são tratados pelos serviços de saúde implementados dentro das prisões, sob administração e tutela dos Serviços Prisionais. De acordo com Hoyer (1988), os doentes são muitas vezes, inseridos junto de reclusos de regime comum – que rejeitam a sua presença – onde os funcionários não possuem as qualificações nem as competências necessárias para lidar com este tipo de problemas específicos. Contudo, se não forem colocados junto de reclusos de regime comum, estes doentes mentais podem ser indicados pelo tribunal para programas de tratamento involuntário, ou, segundo a designação utilizada em Portugal, tratamento compulsivo, que do nosso ponto de vista pode ser uma alternativa menos "agressiva".

Existe um longo debate na Escandinávia acerca da instituição responsável pelo tratamento a providenciar aos arguidos com doença mental que são sujeitos a punição. A grande dúvida reside no facto de estes serem ou não sujeitos a tratamento no âmbito dos serviços regulares de saúde mental. Os Tribunais e as administrações prisionais argumentam que as instituições de saúde mental públicas, não conseguem providenciar o nível de segurança e de custódia necessário e requeridos para estes doentes.

Uma revisão aos Códigos Penais Escandinavos, que foi levada a cabo nos anos 90, focava especificamente o tema da transferência da tutela dos arguidos com doença mental.

Na Dinamarca e na Suécia, os arguidos com doença mental são sujeitos a tratamento no âmbito dos serviços de saúde mental, enquanto que na Noruega o tratamento é efectuado dentro do sistema prisional.

Este tipo de indivíduos sofrem, muitas vezes, de perturbações do comportamento de tipo psicopático, estados *borderline*, abuso de substâncias e doença mental ligeira. Na Suécia e Dinamarca, o tratamento involuntário pode ser aplicado em vez de uma punição, ou adicionalmente a esta, tal como na Noruega.

Hoyer (1988), refere que os países Escandinavos e Ocidentais enfrentam problemas similares no que respeita à tutela deste tipo de indivíduos. Aliás, é interessante observar as semelhanças existentes no acompanhamento dos arguidos doentes mentais que se encontram a cumprir pena no regime comum. Parece existir indicadores de que o tratamento psiquiátrico para os arguidos com doença mental é igualmente importante noutros países Europeus e em países com sistemas próximos do nórdico, como o Canadá. Por exemplo, tal como em muitos outros países (incluindo o Canadá) a França experienciou a desinstitucionalização dos Hospitais psiquiátricos nos anos 70. Em 1977 o governo Francês introduziu alterações substanciais no sistema prisional e nos serviços de saúde em todo o país e tomou medidas com vista a fazer face ao aumento do número de arguidos com doença mental nas prisões.

Numa primeira abordagem, a categorização Escandinava dos criminosos portadores de doença mental – aqueles que são responsáveis pelas suas acções e aqueles que o não são, é similar à dos modelos Canadianos. É interessante verificar que os países Escandinavos estão a rever todo o processo de gestão deste tipo de população, de modo a transferir a responsabilidade dos serviços prisionais para o serviço de saúde normal (Hoyer, 1988).

Segundo Öjesjö (1986) e Nilsson (2003), a legislação Escandinava, ao contrário da Anglo-Saxónica, não prevê um tipo de defesa especial por insanidade. Como tal, podemos considerar que a posição Escandinava está mais próxima da posição assumida em vários estados Americanos, de "Culpado Mas com Doença Mental" (GBMI). No entanto, nos países Escandinavos – e ao contrário do que se passa nos

EUA – as pessoas consideradas culpadas pelo crime cometido e que são doentes mentais, não são condenadas a penas em instituições prisionais, mas sim internadas para tratamento em hospitais de segurança.

Um importante princípio a reter na legislação criminal Sueca é o facto de os arguidos serem sempre considerados responsáveis pelos seus actos e, como tal, presentes a julgamento. No caso de pessoas consideradas pelo Tribunal como tendo doença mental grave, os procedimentos criminais podem ser adiados para que esta seja sujeita a tratamento. Nos casos menos graves, no entanto, as queixas podem ser retiradas pelo Tribunal e o caso é transferido para o Sistema Nacional de Saúde Mental, para tratamento.

De acordo com o Código Penal Sueco, se um arguido é condenado mas, ao mesmo tempo, o tribunal considera que este cometeu o crime sob a influência de doença mental, pode recomendar que o arguido seja sujeito a tratamento. Nestes casos, o arguido é considerado culpado e, caso se enquadre num dos estatutos previstos no Código Penal – doença mental, atraso mental, ou qualquer outro estado mental comparado a doença mental – o Tribunal apenas pode aplicar certas medidas de coacção, previstas na secção 2 do Cap. 33 do referido Código Penal, que passam por tratamento psiquiátrico institucional, tratamento psiquiátrico não institucional, regime de prova ou uma simples multa (Öjesjö, 1986).

Na Suécia, a avaliação psicoforense é muito utilizada no sistema prisional e foi desenvolvida em estreita colaboração com este. A actividade forense foi recentemente reorganizada em unidades regionais que se encontram debaixo da alçada do Sistema Nacional de Saúde (Nilsson, 2003). Todavia, o tempo de espera demasiado longo, a demasiada importância dada à avaliação e ao diagnóstico, os poucos recursos disponíveis e a insuficiente importância dada ao leque de serviços de tratamento, são alguns dos problemas já encontrados nestas unidades.

Segundo Nielssen (2003), uma tendência mais recente, aponta no sentido de limitar as avaliações de diagnóstico ao período pré-julgamento, e utilizar a informação psicoforense apenas quando existir indicação, em vez da evocação de tal informação ser feita de forma rotineira nas decisões finais. Assim, o tratamento, a reabilitação, bem como os vários programas de cuidados pós-tratamento, tendem a tornar-se parte integrante de um serviço de saúde mental forense mais moderno e eficaz.

Na última década, em círculos académicos e profissionais, bem como nos *mass media*, a teoria Escandinava e a prática psicoforense foram sujeitas a criticas e discussões consideráveis. Os relatórios forenses enviados para os tribunais e para o Centro de Detenção de Herstedversted para psicopatas criminosos, na Dinamarca, e para o Hospital Especial de Reitgjerdet, na Noruega, foram sujeitos a grande publicidade por parte da imprensa. Alguns criminologistas criticaram fortemente a teoria do tratamento e argumentaram que o papel do técnico psicoforense tende a entrar em conflito com o papel tradicional do clínico.

Os centros de detenção especiais para psicopatas criminosos administrados por psiquiatras, tão famosos nas décadas passadas, foram alvo de uma reorganização profunda, o que levou à abolição de sanções puramente psiquiátricas – tais como o internamento por período indefinido.

As tarefas de avaliação psicoforense levadas a cabo pelos técnicos de saúde mental continuaram a ser utilizadas pelo Ministério da Justiça Dinamarquês, mas de forma mais limitada. A avaliação da saúde mental e o respectivo tratamento são agora considerados apenas numa base voluntária e somente durante o período da sentença.

Assim, embora conscientes que os tempos mudaram e que as ideologias do passado não são consensuais, os peritos escandinavos concordam que as ciências forenses têm um papel importante e necessário. Por exemplo, a avaliação psicoforense e o consequente tratamento são necessários para criminosos que apresentam anomalias psíquicas ou "atraso" mental.

Assim, para Nielssen (2003), a psiquiatria forense na Escandinávia limitava-se tradicionalmente às avaliações para os tribunais e a prover o tratamento nas instituições penais e de segurança para os arguidos considerados perigosos e doentes mentais. Foi sugerido que outros tipos de intervenção fossem igualmente disponibilizados – por exemplo, trabalho na comunidade, intervenção em crise e tratamento no exterior. Qualquer sistema preocupado com as questões no campo da interligação entre o sistema penal e o de saúde mental necessita de *staff* especializado em ambas as áreas, situação ainda problemática nestes países e que, tal como em Portugal, carece de maior investimento.

III.

Síntese dos aspectos comuns e divergentes entre os vários Modelos de Responsabilidade Criminal e implicações para as práticas em Portugal

Após uma análise detalhada dos modelos que enquadram as práticas de avaliação da responsabilidade criminal é importante fazer uma síntese dos aspectos comuns e dos que divergem neste domínio.

Apesar de muito se falar da questão da avaliação da responsabilidade criminal, o facto é que não encontramos, na pesquisa bibliográfica efectuada, modelos estruturados para este efeito, à excepção do consagrado no "Rogers Criminal Responsibility Assessment Scales" (R-CRAS). Apesar deste dispositivo ter sido alvo de algumas críticas relativamente à não cientificidade das suas bases e à dificuldade da sua validação, parece-nos que se trata de um contributo que permite um maior rigor e qualidade na avaliação, do que as abordagens tradicionais encontradas. (McQuillan, 2000)

Em Portugal não existe um modelo estruturado para avaliação da imputabilidade, imputabilidade atenuada e inimputabilidade. Existe, tal como no Brasil, um Código Penal que regulamenta a aplicação das medidas punitivas e ressocializadoras, seja a pena de prisão efectiva, seja a medida de segurança de internamento (que decorre na maioria das situações em Clínica Psiquiátrica, inserida em Estabelecimento Prisional).

Verifica-se uma grande semelhança no que respeita a esta matéria específica, entre a legislação brasileira e a portuguesa, em oposição aos países nórdicos e anglo-saxónicos.

Contudo, a análise comparativa entre os vários sistemas criminais, aponta para além das discrepâncias, diversas áreas de convergência.

Relativamente ao tratamento processual do doente mental, existe uma nítida divergência filosófica entre o sistema de justiça criminal de base anglo-saxónica e o de base romana. Por outro lado, ao examinar-se o tema da responsabilidade criminal, podemos observar uma maior convergência entre as definições legais de inimputabilidade (na lei brasileira e portuguesa) e de *insanity* (na lei norte americana e países nórdicos), formulada pelo *Model Penal Code* sob os auspícios do *American Law Institute*, constituindo-se numa espécie de combinação entre o conceito de *irresistible impulse*, formulado em Ohio em 1834, e a *M'Naghten Rule*, de 1843. A diferença surge em relação à parte cognitiva, sendo que nos sistemas brasileiro e português exige-se que o criminoso não tenha consciência apenas da ilicitude do acto, ao passo que nos outros dois sistemas bastaria o indivíduo compreender que o acto que praticou era errado (*wrong*), para vir a ser responsabilizado. Esta diferença de critérios torna o conceito de *insanidade* muito mais restrito e objectivo do que o de *inimputabilidade*, acabando por haver menor possibilidade de defesa bem sucedida desse padrão, nos países em que vigora.

Subsiste ainda uma importante diferença entre as jurisdições luso-brasileira e a dos países anglo-saxónicos e nórdicos que tem a ver directamente com a possibilidade de a questão da *insanity defense* não vir a ser discutida nos tribunais, já que existe o princípio processual de que o acusado deve ser *competent to stand trial*. Pode-se especular que grande parte dos acusados que poderiam ser beneficiados com o argumento da *insanity defense* nunca irão ser submetidos a julgamento, já que não se encontram mentalmente aptos para ser submetidos a tal. Como já foi referido, essa possibilidade não existe nem no direito criminal brasileiro, nem no português.

É importante relevar que o princípio da *competence to stand trial* gera importantes consequências práticas no que se refere ao problema crucial que é o da privação da liberdade por tempo indeterminado no doente mental criminoso. Nos Estados Unidos, o doente poderá permanecer indefinidamente nesta situação, quer por não ter sido submetido a julgamento (o que é frequente), quer por ter sido julgado e considerado *not guilty by reason of insanity*. Tal situação pode acontecer no sistema brasileiro, mas só depois do julgamento e após ter sido decretada medida de segurança. No sistema português esta situação (em tese) já não se verifica após revisão do Código Penal de 1995, que estabelece um limite máximo de internamento (correspondente à moldura penal do crime cometido) para as medidas de segurança. Parece que a tendência brasileira futura também aponta neste sentido. Também nos Estados Unidos, já existem jurisdições que impedem o *criminal commitment* para além do prazo máximo da pena prevista para o crime cometido (Taborda e col., 2004).

Falta-nos fazer referência a um padrão que foi criado nos Estados Unidos para tentar reduzir as situações de *not guilty by reason of insanity*; referimo-nos ao *guilty but mentaly ill* (Palmer & Hazelrigg, 2000). Este padrão apresenta algumas semelhanças com o nosso conceito de *imputabilidade atenuada*. Contudo, tal como acontece em Portugal, este modelo ou padrão acaba por não ser muito utilizado e, de facto, não se tira partido das suas potencialidades. A legislação subjacente não dá cobertura ao tribunal para determinar a obrigatoriedade de tratamento psiquiátrico nestes casos, acabando o sujeito por cumprir uma pena de prisão efectiva em conjunto com outros reclusos de regime comum. Por outro lado, o sistema prisional não se encontra apetrechado (na sua maioria) para dar resposta a estas situações no campo da saúde mental, se a lei assim o previsse.

Em síntese, esta revisão de literatura permitiu efectuar uma reflexão mais aprofundada sobre o funcionamento do sistema judicial de vários países e concluir que urge, em primeiro lugar, criar um modelo mais sistemático e, com isso, rigoroso, que enquadre as práticas e proponha critérios de avaliação das situações forenses em que exista suspeita de doença mental.

Tal revisão, assim como o estudo exploratório que efectuamos e que se descreve nos capítulos seguintes, não só têm valor *per se*, como poderão sustentar reflexões e propostas de intervenção mais refinadas sobre os eventuais défices que possam existir na avaliação psicoforense portuguesa, abrindo linhas de investigação futuras.

. PARTE II .

ESTUDO EXPLORATÓRIO

I.

Introdução ao trabalho de campo

Ao realizar este trabalho, tivemos como objectivos:

– efectuar um levantamento das práticas de avaliação psicofo-rense da responsabilidade criminal (com especial ênfase nos modelos Português, Americano, Brasileiro e Nórdico);
– realizar a análise comparativa dos modelos supracitados;
– estudar a possibilidade de transferência e aplicação desses modelos à realidade jurídico-penal portuguesa;
– propor um modelo de avaliação psicoforense da responsabili-dade criminal, adaptado à realidade portuguesa;
– efectuar um estudo piloto que sustentasse a validade do modelo proposto.

No que respeita a opções metodológicas, pretendemos combinar uma abordagem exploratória com métodos quantitativos que permitis-sem comparar o *output* decisional decorrente da aplicação de um modelo de avaliação de responsabilidade criminal com a decisão jurí-dica efectivamente emitida no passado, em dois grupos de reclusos que se encontravam a cumprir respectivamente medida de segurança de internamento e pena de prisão efectiva no Estabelecimento Prisio-nal de Santa Cruz do Bispo.

II.

Metodologia

1. Descrição do Estudo

A partir do estudo exploratório dos modelos de avaliação psico-forense da responsabilidade criminal (ver Parte I deste trabalho) selec-cionou-se um dos modelos em prática nos Estados Unidos da América com vista à sua aplicação adaptada à realidade portuguesa. Tal modelo encontra-se consubstanciado num instrumento – R-CRAS – que pro-põe um conjunto articulado de práticas de recolha de informação e respectiva sistematização com base em critérios de apoio à tomada de decisão sobre a responsabilidade/imputabilidade das pessoas ava-liadas.

Com base no R-CRAS, sustentou-se um estudo de natureza dife-rencial em que a responsabilidade criminal de dois grupos de reclusos – um a cumprir pena efectiva de prisão e outro a cumprir medida de segurança de internamento – foi avaliada à luz das práticas e dos critérios decisionais propostos, com vista a verificar se da sua imple-mentação resultaria a confirmação da avaliação psicoforense antes efectuada no quadro do sistema jurídico-penal português ou, pelo contrário, resultaria uma perspectivação diferente da responsabilida-de/imputabilidade das pessoas investigadas.

2. Material e Método

2.1. *Amostras: caracterização e critérios de selecção*

As amostras estudadas incluíram dois grupos de 30 reclusos cada, um a cumprir pena efectiva de prisão (GPP) e outro constituído por inimputáveis a cumprir medida de segurança de internamento em razão de anomalia psíquica (GMS).

Foram considerados critérios de exclusão:

- género sexual feminino;
- critérios clínicos de descompensação psicopatológica aguda (pela impossibilidade de administração do modelo);
- critérios clínicos de défice cognitivo ou deterioração grave, com inerente incapacidade de compreensão do alcance do consentimento informado deste estudo;
- existência de défices sensoriais, ou de resultado equivalente, que impedissem a administração dos instrumentos previstos no modelo;
- instalação de doença mental ou patologia neurológica diagnosticada no GPP após início do cumprimento da pena de prisão.

Conforme pode constatar-se pela **tabela 1**, ambos os grupos se encontravam emparelhados quanto à idade ($t = 1,40$; $p = 0,17$), habilitações académicas ($\chi^2 = 9,6$; $p = 0,087$), nível socio-económico ($\chi^2 = 2, 11$; $p = 0,55$), mas não se encontravam emparelhados em relação ao estado civil ($\chi^2 = 27,47$; $p < 0,01$)[3].

---

[3] Em todas as analises diferenciais considera-se com significado estatístico um valor de p inferior a 0,05

TABELA 1

Dados sócio-demográficos das amostras em estudo

	GMS		GPP	
Idade	M= 38		M= 43	
	dp= 9		dp= 14	
Nível sócio – económico	Baixo	n=9 (30%)	Baixo	n=8 (27%)
(Índice de Graffar)	Médio Baixo	n=16 (54%)	Médio Baixo	n= 16 (53%)
	Médio	n=4 (13%)	Médio	n= 6 (20%)
	Médio Alto	n=1 (3%)		
Habilitações Académicas	Não sabe ler e escrever	n= 5 (17%)	Não sabe ler e escrever	n= 4 (13%)
	Primeiro ciclo	n=10 (33%)	Primeiro ciclo	n=13 (43%)
	Segundo ciclo	n=10 (33%)	Segundo ciclo	n= 5 (17%)
	Terceiro ciclo	n= 2 (7%)	Terceiro ciclo	n= 5 (17%)
	Ensino secundário	n= 2 (7%)	Ensino secundário	n= 1 (3%)
	Freq. Ensino Superior	n= 1 (3%)	Freq. Ensino Superior	n= 2 (7%)
Estado Civil	Casado ou a viver com	n= 2 (7%)	Casado ou a viver com	n= 9 (30%)
	Solteiro	n= 19 (63%)	Solteiro	n= 13 (43%)
	Viúvo	n= 2 (7%)	Viúvo	n= 3 (10%)
	Divorciado	n= 7 (23%)	Divorciado	n= 5 (17%)

M= Média; dp= desvio padrão

Como se pode observar na Tabela anterior, a média (M) de idades de GMS foi de 38 anos, com um desvio padrão (dp) de 9. O inimputável mais velho tinha 59 anos e o mais novo 22 anos. No GPP, a média de idades foi de 43 anos, com um desvio padrão de 14. O indivíduo mais velho tinha 76 anos e o mais novo 26 anos de idade.

Em ambos os grupos, o nível socio-económico que prevalece é o médio-baixo, seguindo-se o nível socio-económico baixo.

A maioria dos indivíduos GMS são solteiros (63%), seguindo-se os divorciados com uma percentagem de 23%. No GPP, a maioria dos indivíduos também são solteiros, embora em percentagem menor (43%), seguindo-se os casados com uma percentagem de 30%.

Relativamente às habilitações académicas, no GMS temos 33% dos inimputáveis com o primeiro e segundo ciclo, seguindo-se os que não sabem ler nem escrever, que representam uma percentagem significativa (17%). No GPP, podemos verificar que a maior percentagem (43%) é de indivíduos com o primeiro ciclo, seguindo-se com 17% os que têm o segundo e terceiro ciclo.

Na **Tabela 2**, podemos observar alguns dados de caracterização das amostras referentes à sua situação e história jurídico-penal.

TABELA 2

Dados jurídico-penais das amostras em estudo

	GMS		*GPP*	
Antecedentes Criminais	Sim	n=15 (50%)	Sim	n=13 (43%)
	não	n= 15 (50%)	não	n= 17 (57%)
Tipo de Antecedentes Criminais	Pena Prisão	n= 7 (46%)	Pena Prisão	n= 7 (54%)
	Vários	n= 3 (20%)	Vários	n= 3 (23%)
	Multa	n= 1 (7%)	Multa	n= 1 (8%)
	Med. Alt. Á prisão	n= 3 (20%)	Pena Suspensa	n= 2 (15%)
	Prisão preventiva	n= 1 (7%)		
Tipo de Crime cometido (CP)	Cont a lib e auto-deter sex	n= 2 (7%)	Cont a lib e auto-deter sex	n= 2 (7%)
	Contra a vida	n= 15 (51%)	Contra a vida	n= 9 (30%)
	Vários	n= 4 (13%)	Vários	n= 9 (30%)
	Cont integridade física	n= 4 (13%)	Contra a propriedade	n= 3 (10%)
	Contra a propriedade	n= 4 (13%)	Contra o estado	n= 1 (3%)
	Cont a liberdade pessoal	n= 1 (3%)	Contra o património	n= 3 (10%)
			Tráfico de estupefacientes	n= 3 (10%)
Vítima	Familiar	n= 9 (30%)	Familiar	n= 4 (13%)
	Vizinho	n= 4 (13%)	Vizinho	n= 4 (13%)
	Outros	n= 17 (57%)	Outros	n= 22 (74%)
Idade à data do crime	M= 32		M= 38	
	dp= 7		dp= 14	

M= Média; dp= desvio padrão

Em ambos os grupos verifica-se a existência de uma elevada percentagem de indivíduos com antecedentes criminais, sendo superior no GMS (50%), em relação ao GPP (43%). No GMS, quando há registo de contactos anteriores com o sistema judicial, o maior número é de penas de prisão (46%), seguindo-se com 20% as medidas alternativas à prisão e outras medidas. No GPP, as penas de prisão ocupam o primeiro lugar com uma percentagem de 54%, seguindo-se outras medidas não tipificadas com uma percentagem de 23%.

Relativamente ao crime pelo qual ambos os grupos se encontram a cumprir pena de prisão ou medida de segurança, verifica-se que os delitos com maior peso no GMS são os cometidos contra a vida (51%), seguindo-se, com a mesma percentagem (13%), os crimes cometidos contra a integridade física, contra a propriedade e outros previstos em legislação avulsa.

Estudo Exploratório 109

No GPP, aparecem com a mesma percentagem (30%), os crimes cometidos contra a vida e os designados outros crimes previstos em legislação avulsa. Seguem-se os crimes de tráfico de estupefacientes e crimes cometidos contra o património, ambos com uma percentagem de 10%.

Relativamente à idade em que ocorreu a prática do crime, a idade média no GMS foi de 32 anos com um desvio padrão de 7, enquanto que no GPP, a idade média foi de 38 anos, com um desvio padrão bastante superior (dp = 14).

Na caracterização dos aspectos clínicos da amostra, e porque estamos a falar de grupos de indivíduos com doença mental comparados com outros "supostamente" sem patologia, parece importante referir alguns dados da sua história pregressa e situação actual **(tabela 3)**.

TABELA 3
Dados de saúde das amostras em estudo

	GMS		GPP	
Hábitos alcoólicos prévios	Sim	n=18 (60%)	Sim	n=23 (77%)
à detenção	Não	n= 12 (40%)	Não	n= 7 (23%)
Hábitos tabágicos actuais		**N.º Cigarros /dia**		**N.º Cigarros /dia**
	Sim – n=25 (83%)	M= 28 dp=16	Sim – n= 24 (80%)	M= 18 dp= 13
	Não – n= 5 (17%)		Não – n= 6 (20%)	
Consumo de				
estupefacientes prévios	Sim	n= 9 (30%)	Sim	n= 14 (47%)
	Não	n= 21 (70%)	Não	n= 16 (53%)
À detenção				
Contacto com a psiquiatria				
prévio à detenção		**N.º internamentos**		**N.º internamentos**
	Sim – n=24 (80%)	M= 2 dp=2	Sim – n=6 (20%)	M= 0,4 dp=0,7
	Não – n= 6 (20%)		Não – n= 24 (80%)	

M= Média; dp= desvio padrão

Em ambos os grupos constata-se a existência prévia de hábitos marcados de consumo de álcool – 60% no GMS e 77% no GPP – e, no momento actual, os hábitos tabágicos, continuam elevados nos dois grupos: 83% (uma média de consumo de 28 cigarros/dia, com um desvio padrão de 16) no GMS e 80% no GPP (uma média de consumo de 18 cigarros/dia, com um desvio padrão de 13).

Relativamente ao consumo de estupefacientes antes da detenção, verifica-se uma maior percentagem de não consumidores em ambos os grupos. Quanto aos que tinham hábitos de consumo de drogas, 30% enquadra-se no GMS e 47% no GPP.

De facto uma elevada percentagem (80%) dos indivíduos que se encontram a cumprir medida de segurança tiveram contacto prévio com a psiquiatria, com uma média de 2 internamentos em instituição psiquiátrica. No que respeita aos indivíduos integrados no GPP, 20% foram alvo, no passado, de intervenção psiquiátrica, com uma média de 0,4 internamentos.

Para se poder proceder à administração do R-CRAS, que operacionaliza os critérios de decisão sobre a responsabilidade e imputabilidade criminal, foi necessário avaliar o nível intelectual dos elementos de cada um dos grupos. A **Tabela 4** mostra-nos a elevada percentagem de indivíduos com nível intelectual inferior (36% no GPP e 43,5% no GMS), seguindo-se por ordem decrescente os que pontuam no nível médio-inferior (27% no GPP e 43,5% no GMS). De referir que ambos os grupos têm 3% dos indivíduos no nível superior (1 elemento em cada um).

TABELA 4

Dados relativos ao nível intelectual das amostras em estudo

	GMS			*GPP*	
Nível intelectual obtido a	Inferior	n=13 (43,5%)	Inferior	n= 11 (36%)
partir das Matrizes	Médio Inferior	n= 13 (43,5%)	Médio Inferior	n= 8 (27%)
Progressivas de Raven	Médio	n= 2 (7%)	Médio	n= 5 (17%)
	Médio Superior	n= 1 (3%)	Médio Superior	n= 5 (17%)
	Superior	n= 1 (3%)	Superior	n= 1 (3%)

2.2. Métodos e Instrumentos de Avaliação

2.2.1. Entrevista clínica

Construímos uma entrevista clínica semi-estruturada, contendo 4 tipos de variáveis:

- sócio-demográficas;
- clínicas;
- prisionais; e
- jurídico-penais.

Para o preenchimento da entrevista clínica utilizámos como fontes de informação:

- o recluso;
- os guardas prisionais (especialmente nos inimputáveis);
- os técnicos de reeducação;
- os médicos psiquiatras;
- os processos jurídico-penais, nomeadamente: acórdãos de sentença, registo criminal, informações médicas fornecidas ao Tribunal de Execução de Penas (TEP), exames médico-legais, relatórios de liberdade condicional ou de liberdade para prova, estudos de caracterização sócio-familiar, etc.

2.2.2. R-CRAS (ROGERS CRIMINAL RESPONSIBILITY ASSESSMENT SCALES – VERSÃO PORTUGUESA)

O R-CRAS é um instrumento desenhado por Richard Rogers com vista a providenciar um modelo sistemático e confiável na avaliação da responsabilidade criminal de doentes (Shapiro, 1999).

Numa primeira fase, a escala foi por nós traduzida para português.

Foi efectuada uma avaliação detalhada de todos os itens da escala por três reconhecidos especialistas em ciências forenses (dois psicólogos e um psiquiatra, todos professores na Universidade do Porto), tendo sido por eles determinado que a versão traduzida para língua portuguesa não só estava de acordo com as noções básicas da avaliação psicoforense em Portugal, como não violava a estrutura e o espírito da escala original.

No exame forense, o técnico é confrontado com uma avaliação retrospectiva, muitas vezes envolvendo situações de simulação ou amnésia, que requerem a aplicação específica de um modelo legal de medição de doença mental. O R-CRAS está desenhado para quantificar variáveis situacionais e psicológicas essenciais, na altura do crime, e implementar modelos de decisão de responsabilidade criminal baseados em critérios. Isto permite ao técnico psicoforense quantificar a inimputabilidade na altura do crime, conceptualizar a inimputabilidade relativamente aos padrões legais apropriados e emitir uma opinião respeitando os aspectos legais (Rogers, 1984; Rogers e Sewell, 1999)

A Escala de Avaliação de Responsabilidade Criminal de Rogers é composta por sub-escalas que medem:

- a credibilidade do doente/ arguido;
- a perturbação orgânica;
- a presença de desordem psiquiátrica *major*; e
- o controle cognitivo e controle comportamental na altura do cometimento do alegado crime. São fornecidos critérios descritivos para cada uma das escalas.

Os profissionais de Saúde Mental têm que avaliar com "um grau razoável" de certeza clínica, ou científica, a sanidade mental dos doentes/arguidos que examinam. A base científica de tais testemunhos não tem sido objecto, até agora, de pesquisa. Esta falta de dados empíricos, acrescida da falta de interesse financeiro, levou a que autores tais como Gass (1979) e Ziskin (1981), interessados neste assunto concluíssem, que faltava ao testemunho do perito psicoforense a precisão do requisito científico para a emissão de uma opinião "especialista" (Rogers, 1984).

Segundo Calahan (1978, citado por Rogers, 1984), confiar na especialidade psicoforense para a avaliação de insanidade está errado. Porém isto apenas raramente previne que os peritos emitam opiniões baseados nas suas certezas, embora sofram de uma total ausência de competência para sustentar tais certezas. Uma pesquisa similar levada a cabo por psiquiatras no Illinois (Cavanaugh, Rogers e Price, 1981) validou as suas preocupações em relação ao papel "científico" da psiquiatria forense em avaliações de insanidade.

Numa perspectiva empírica, a "validação" das avaliações de insanidade/inimputabilidade ainda não tinha sido sistematicamente focada antes do aparecimento do R-CRAS.

Segundo Raifman (1979), um anterior exame à utilidade de entrevistas de diagnóstico em avaliações de insanidade, foca apenas o nível de concordância relativamente à determinação de sanidade, produzindo resultados menos que satisfatórios, excepto em condições experimentais restritas (Stock e Poythress, 1980). Em nenhum estudo anterior foram examinadas as *observações* em que se baseiam as avaliações, nem o *processo de decisão* envolvido nas mesmas. Poythress e Petrella (1983, citados por Rogers, 1984), aferiram a percepção da qualidade das avaliações forenses pelas profissões ligadas às leis, incluindo a insanidade/inimputabilidade, mas não afloraram o tema da confiança ou da validade dessas avaliações.

O R-CRAS foi desenhado para ir de encontro a uma questão essencial: podem as avaliações clínicas que utilizam um protocolo estruturado, ser válidas e de confiança no exame das questões psicolegais relacionadas com a responsabilidade criminal?

O R-CRAS está especialmente desenhado para ser empregue em avaliações de responsabilidade criminal por Psicólogos ou Psiquiatras com experiência ou formação Forense, ou com supervisão de um profissional qualificado.

Segundo Rogers (1984), a mais importante limitação do R-CRAS, é que este não é um substituto para uma adequada experiência e treino em Avaliação Forense; tentativas de aplicação clínica do R-CRAS por examinadores pouco qualificados (e sem a respectiva supervisão) representam uma clara descredibilização da utilização do Protocolo. A segunda limitação na utilização do R-CRAS prende-se com o exame na área de perturbação orgânica. Nos estudos de validação do R-CRAS (Rogers e Sewell, 1999), o número de dados de perturbação orgânica foi de certa forma restrito. Este facto verificou-se apesar da utilização selectiva de testes de inteligência, procedimentos e avaliações neurológicos e testes neuropsicológicos. Muito provavelmente, indivíduos com atraso profundo (frequentemente institucionalizados) raramente serão alvos de pedido de avaliação de responsabilidade criminal. Assim, os examinadores são advertidos para serem especialmente cuidadosos em casos de perturbação orgânica e para solicitar,

114 *A Doença Mental (des)culpada*

quando existam suspeitas, avaliação neurológica, neuropsicológica e intelectual, de forma a evitar qualquer omissão de perturbação orgânica.

A terceira limitação envolve a aplicação dos padrões *Guilty-But--Mentally Ill* (GBMI) e de *M'Naghten*. Estes padrões são actualmente incluídos apenas com o objectivo de pesquisa/investigação, uma vez que a sua validação e nível de confiança ainda não foram estabelecidos, pelo que não se encontram ainda validados para utilização clínica.

A primeira parte do teste tenta estabelecer o grau de perturbação, através de variáveis psicológicas que estariam presentes na determinação de insanidade/ inimputabilidade. A segunda parte descreve o processo de decisão utilizado para emitir um parecer o mais preciso possível, quanto à responsabilidade criminal, utilizando para o efeito o "padrão ALI" como ponto de partida.

Rogers (1984) salienta, que na parte inicial da administração da escala, há um número importantes de dimensões que importa determinar, tais como:

- avaliações psiquiátricas;
- psicológicas;
- histórias sociais relevantes;
- relatórios policiais;
- entrevistas colaterais;
- resultados de testes;
- história de emprego e ocupacional;
- o lapso de tempo entre a avaliação e o cometimento do ilícito;
- antecedentes de abuso de álcool, drogas ou outro tipo de dependência;
- e anteriores detenções tanto juvenis como em adulto.

Uma descrição do acto ilícito e do comportamento antes, durante e depois da ofensa são igualmente utilizadas como "informação situacional" (Shapiro, 1999).

Com este material de apoio preparado, cabe ao perito forense:
- uma avaliação da confiança do auto-relato do paciente, efectuado sob controlo voluntário, avaliação essa que mede desde um *auto-relato fiável* até um *auto-relato simulado*;

Estudo Exploratório 115

- avaliar se existe interferência involuntária, isto é, algum estado mental que possa interferir com a memória (lembrança) do cometimento do alegado crime (desde *nenhuma interferência* até *interferência involuntária grave*);
- de forma similar é igualmente avaliado o grau de perturbação: nível de intoxicação, evidência de perturbação mental, relação da perturbação mental com a ofensa, grau de *défice* intelectual, relação do *défice* com o cometimento do alegado crime, comportamento bizarro observável na altura do crime, nível de ansiedade nessa altura, amnésia relativamente à ofensa, delírios, alucinações, humor depressivo, humor disfórico ou expansivo, nível de coerência verbal, intensidade da adequação dos afectos, evidência de desordem formal do pensamento na altura do cometimento do alegado crime.

Segundo Shapiro (1999), após esta recolha exaustiva, ao examinador é então solicitado que faça uma escalonagem das diferentes dimensões, tais como:

- o planeamento e preparação para o cometimento do crime;
- consciência da criminalidade durante a prática do ilícito;
- grau de intencionalidade na altura do cometimento da ofensa;
- o nível geral de actividade do indivíduo;
- o nível de perturbação em actividades não relacionadas com a ofensa, e anteriores a esta;
- auto-controlo referido e observado no paciente em relação ao comportamento criminal, e havendo perda de auto-controle, se esta foi ou não, resultado de distúrbio mental grave (*e.g.* psicose).

De seguira, iremos descrever com algum pormenor a estrutura do protocolo R-CRAS, incluindo a criação de variáveis individuais e o delinear dos respectivos padrões de decisão.

ESTRUTURA DO PROTOCOLO *R-CRAS*

O modelo R-CRAS para quantificação de dados clínicos e implementação de um formato de decisão sistemático é baseado no modelo de diagnostico/desenvolvido para a *Schedule of Affective Disorders and Schizophrenia* (SADS, Spitzer e Endicot, 1978). Endicot e Spitzer (1978, citados por Rogers, 1984) – descreveram um modelo de avaliação envolvendo a quantificação de psicopatologia, bem como a sua aplicação sistemática com critérios explícitos de inclusão e exclusão (i.e., pesquisa de critérios de diagnóstico).

VARIÁVEIS PSICOLÓGICAS E SITUACIONAIS

O R-CRAS foi desenhado com variáveis psicológicas e situacionais individuais organizadas em paralelo com o paradigma SADS. Cada ponto do R-CRAS está organizado em graduações de severidade que vão de 4 a 6, e proporciona critérios explícitos para cada valor. Este esquema consiste em:

- (0) para "sem informação";
- (1) para "não presente";
- (2) para "sem significado clínico";
- e (3) a (6) para diferentes gradações de dados clinicamente relevantes.

Estes pontos estão organizados em 5 escalas baseadas num modelo de decisão explícito e desenhado para avaliar a perturbação psicológica, na sua relação com o alegado comportamento criminal, e em conformidade com o modelo do *American Law Institute*. Esta quantificação permite um exame empírico da *severidade* da perturbação, que corresponde ao elemento *"substancial"* do modelo ALI.

O desenvolvimento de pontos específicos baseou-se nos critérios considerados essenciais para a avaliação da sanidade de um indivíduo. O processo de decisão que levou à inclusão de cada ponto foi efectuado por um grupo de estudo constituído por cinco experientes psicólogos e psiquiatras forenses. Foi alcançado acordo consensual para cada ponto, no que concerne à sua utilidade no estabelecimento de sanidade, incluindo o grau de honestidade e confiança do auto-relato efectuado pelo arguido (seja este voluntário ou involuntário). Em segundo lugar, factores orgânicos envolvendo intoxicação, lesão ou doença mental, atraso mental, e a relação destes elementos com o alegado comportamento criminal, foram considerados essenciais no exame forense. No que respeita a psicopatologia, sintomas de psicose sem relação com uma desordem específica (delírios, alucinações, afectos inapropriados, incoerência verbal e desordem do pensamento), bem como aquelas de maior desordem afectiva (humor depressivo e humor disfórico) foram enfatizadas. Foram igualmente considerados sintomas de amnésia e ansiedade. No que diz respeito à capacidade do indivíduo para entender e escolher o seu alegado comportamento criminal, aspectos como o grau de planeamento e preparação, consciência do comportamento criminal e distúrbios no discurso e no pensamento, são considerados como críticos. Finalmente, no que concerne à capacidade de auto-controlo do comportamento alegadamente criminal por parte do paciente, o foco e a actividade do alegado crime, nível actual de comportamento social responsável, auto-controlo relatado, bem como a avaliação do examinador acerca do auto-controle e a relação entre auto-controlo e desordem mental, foram considerados essenciais na emissão de uma opinião como perito forense. A selecção de pontos constituiu uma criteriosa escolha daqueles indicadores clínicos considerados essenciais na determinação de responsabilidade (sanidade), feita dentro do vasto leque de variáveis psicológicas utilizadas no psicodiagnóstico em geral (Rogers, 1984).

Segundo relato do autor, organizaram um segundo grupo de estudo constituído por 3 experientes psicólogos e psiquiatras forenses, em 1983, com vista ao desenvolvimento de pontos adicionais específicos para o padrão GBMI e para o padrão *M'Naghten* de insanidade. Concentrando-se no padrão GBMI, o grupo de trabalho operacionalizou diferentes elementos do modelo respeitantes à perturbação de julgamento, comportamento significativamente perturbado, teste da realidade perturbado e perturbação na capacidade de se autocuidar nas actividades de vida diárias. Posteriormente, desenvolveram um ponto adicional para o padrão M'Naghten, tendo em vista a especificação do conceito de "incorrecção", que corresponde ao conceito de "consciência" no padrão ALI.

As instruções gerais relativas às variáveis psicológicas e situacionais são as seguintes:

   – cada questão representa uma escala composta, que integra todas as fontes de informação possíveis, incluindo informação de testemunhas, e de familiares. Rogers (1984) salienta a importância do técnico psicoforense prestar atenção, e de não confiar demasiado no auto-relato do paciente, sem o confrontar com dados que o corroborem;

- o termo "paciente", é empregue para designar o arguido que está a ser sujeito a avaliação de responsabilidade criminal, não faz qualquer presunção sobre a presença, ou não, de desordem ou defeito mental, ou sobre o impacto de uma potencial desordem, no comportamento criminal;

- o técnico psicoforense deve apoiar-se no DSM-IV TR, para clarificar termos e conceitos de diagnóstico, e para poder definir diagnósticos apropriados;

- o examinador deve seleccionar a única e mais precisa avaliação, para cada questão. A categoria "sem informação" deve apenas ser utilizada em situações excepcionais, em que a obtenção de informação é de todo impossível.

A informação situacional importante inclui uma descrição pormenorizada do(s) alegado(s) crime(s). Adicionalmente, o período que antecede e se segue ao cometimento do alegado crime, deve ser claramente delineado, uma vez que o padrão de insanidade se refere "ao momento do alegado crime" (*at the time of the alleged crime*). O momento do crime é definido como :

- a preparação efectuada que resulta directamente no cometimento do crime – esta preparação raramente se estende por um período superior a dois dias, e normalmente resume-se a uma questão de alguns minutos ou horas anteriores ao cometimento do crime;

- cometimento do crime – que se define como sendo o período de tempo no qual o indivíduo está efectivamente a ter um comportamento criminal;

- e, o comportamento verificado *imediatamente* a seguir ao cometimento do crime, ou seja, qual a reacção experimentada pelo paciente, ao seu comportamento criminal, houve uma tentativa de fuga, ou entregou-se voluntariamente às autoridades. O ênfase dado á expressão *imediatamente*, deve ser considerado como sendo a resposta (reacção) do paciente logo após o cometimento do crime. Tipicamente, o lapso de tempo a considerar, é de alguns minutos a algumas horas após o acto, com um limite de 24 horas operacionalmente imposto.

As variáveis psicológicas e situacionais estão organizadas de modo a que os números mais elevados representem uma psicopatologia mais grave, ou uma maior desorganização em termos do funcionamento do indivíduo, na altura do cometimento do acto. Deve salientar-se, que indivíduos que apresentem distúrbios graves podem obter pontuações relativamente baixas na maior parte das escalas, tendo pontuações mais elevadas apenas em alguns pontos relativos à severidade da sintomatologia. Rogers (1984) dá o exemplo, de uma pessoa com uma perturbação paranóide, que pode obter uma pontuação geral com alcance não-psicopatológico em todos os itens, com excepção dos delírios e do impacto da psicose no comportamento criminal. Inversamente, segundo o autor (id.) existem vários indivíduos que podem obter pontuações que indiquem um grau elevado de psicopatologia, e não corresponderem ao padrão legal de insanidade.

No geral, tal como já foi referido, as questões estão organizadas de forma crescente.

OS PADRÕES DE DECISÃO DO *R-CRAS*

Foram desenvolvidos modelos de decisão baseados em critérios, como forma, ou método, de "tradução" de conclusões clínicas para os respectivos padrões legais: Modelo ALI de insanidade mental (*ALI standard of insanity*); padrão "culpado mas com doença mental" (GBMI); e o padrão de insanidade de *M'Naghten*. O facto de os peritos forenses emitirem, ou não, opiniões respeitantes a questões legais, foi motivo de extenso debate (APA, 1983; Monahan, 1980)

Baseado nos padrões de certeza médicos e científicos, cada padrão de decisão requer que os critérios psicolegais individuais sejam um "sim" definitivo, ou um "não" definitivo. Conclusões de preponderância, tais como "o mais provável é sim...", ou baseadas em julgamentos pessoais por validar, são excluídas dos modelos de decisão (Rogers, 1984).

a. Modelo de Decisão do R-CRAS: Padrão ALI

O modelo de decisão do R-CRAS para o padrão ALI de "insanidade" representa uma operacionalização deste padrão legal. A descrição da formulação legal deste modelo, já foi efectuada na Parte I, ponto 4.2.1. O modelo de decisão do R-CRAS para o padrão ALI, é conceptualizado em sete pontos de decisão, organizados de forma hierárquica, conforme apresentado na figura seguinte.

FIGURA 1
**MODELO DE DECISÃO R-CRAS
PADRÃO DE INSANIDADE MENTAL ALI**

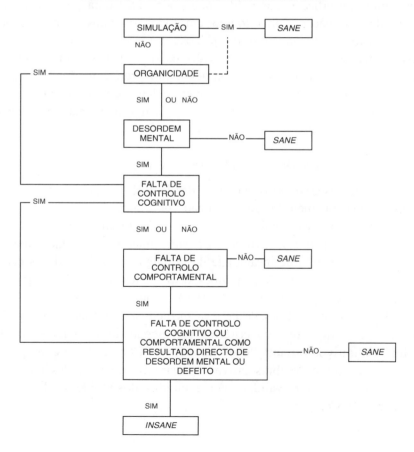

b. Modelo de Decisão do R-CRAS: Padrão "Culpado mas com Doença Mental" – (GBMI)

No processo de decisão relativo ao padrão GBMI, devem ser considerados alguns critérios psicolegais:

- Determinação clínica de sanidade. Um indivíduo que satisfaça o padrão de não culpado em razão de insanidade (NGRI) é, por definição, excluído do padrão GBMI. Rogers (1984), é de opinião que o técnico psicoforense não deve ser forçado, em nenhuma avaliação, a testemunhar apenas em relação ao padrão GBMI, isto é, excluindo à partida a possibilidade de o indivíduo ser considerado não culpado em razão de insanidade (NGRI), já que qualquer indivíduo clinicamente enquadrado no padrão NGRI, satisfaria de igual modo o padrão GBMI.
- Simulação. É possível que um indivíduo tente simular a sua sintomatologia, ao ponto de ser considerado NGRI, no entanto, pode efectivamente sofrer de desordem funcional com perturbação do pensamento ou do humor, o que o qualifica no padrão GBMI.

Os componentes do padrão GBMI encontram-se esquematizados na figura que se segue.

FIGURA 2
MODELO DE DECISÃO R-CRAS
PADRÃO "CULPADO MAS COM DOENÇA MENTAL" – GBMI

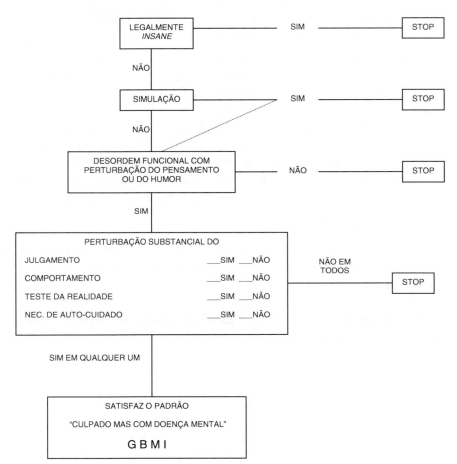

Estudo Exploratório   123

c. Modelo de Decisão do R-CRAS: Padrão *M'Naghten* de Insanidade

O padrão de *M'Naghten* segue muito de perto o modelo de ALI, no que respeita ao modelo decisório. Os critérios psicolegais para os três primeiros pontos de decisão (M1-M3) são iguais aos utilizados no padrão ALI; como tal, o examinador deverá seguir as indicações dadas neste padrão, para a avaliação de simulação, organicidade, e desordem psiquiátrica *major*.

– Perda de Capacidade Cognitiva. Difere do padrão ALI, ao tornar explícita a perda de capacidade para compreender a natureza e qualidade do comportamento criminal, e/ou, a perda de capacidade para compreender a sua incorrecção moral ou legal.

– Relação entre a perda de capacidade cognitiva e a desordem mental. Este ponto segue em paralelo o do padrão ALI, em que a perda de capacidade deve ser resultado directo de desordem mental funcional ou orgânica.

Os componentes do padrão *M'Naghten* são esquematizados na figura que se segue.

FIGURA 3
MODELO DE DECISÃO R-CRAS
Padrão *M'Naghten* de Insanidade

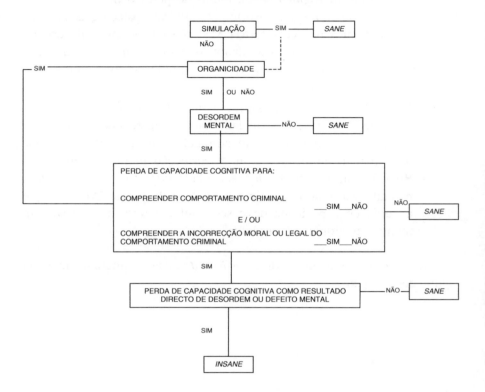

2.2.3. Matrizes Progressivas de Raven

Atendendo a que um dos elementos importantes no preenchimento do R-CRAS (descrito anteriormente) é o nível intelectual do sujeito, e dadas as características da população alvo, optamos por um instrumento de avaliação da inteligência não muito moroso e de fácil aplicação e compreensão: as Matrizes Progressivas de Raven – Forma Geral. Esta é a forma adequada à totalidade dos grupos etários, é aplicada a sujeitos entre os 6 e os 80 anos de idade.

Foi desenvolvido em 1938, publicada em 1939 e revista em 1956.

Este teste é composto por um conjunto de tarefas não verbais que avaliam a capacidade de deduzir relações entre itens abstractos. Os itens compõem-se por um conjunto de matrizes ou de séries de desenhos abstractos, que constituem sequências lógicas em linhas e colunas, às quais foi removida uma parte do conjunto. A tarefa consiste em seleccionar, entre as várias alternativas, a que completa a matriz, que obedece à lei de disposição desta, que completa correctamente cada padrão ou sistema de relações. Os itens mais fáceis requerem exactidão de discriminação; os mais difíceis envolvem analogias, permutações e alterações de padrões, e outras relações lógicas.

É então constituído por um total de 60 itens, distribuídos por 5 séries (A, B, C, D, e E) cada uma delas inclui 12 itens. Cada item possui uma matriz que é composta por figuras geométricas abstractas, a preto e branco, com uma lacuna. Por baixo da matriz encontram-se 6 a 8 figuras; apenas uma delas completa correctamente a matriz, e deverá ser escolhida pelo examinado.

As Matrizes foram aplicadas sem tempo limite.

Este teste tem algumas vantagens na sua utilização:

– os indivíduos que aceitam realizá-lo fazem-no sem dificuldade e gostam de o executar, sendo que os resultados negativos que possam aparecer pouco provavelmente serão devido à falta de motivação, como acontece noutros testes;
– a sua característica mais importante é o facto de ser um teste não verbal (isento de factor *g*). É facilmente administrado a sujeitos com deficiência física, como a surdez, por exemplo, pois não exige que haja interacção entre estes e o examinador, ou até mesmo deficiências mentais e lesões cerebrais;
– é um dos poucos testes adequadamente projectado, ou suficientemente estandardizado, para poder ser aplicável a um vasto conjunto de sujeitos quer no que se refere à idade (da infância a velhice), quer no que diz respeito à aptidão.

Pelas razões enunciadas, as Matrizes Progressivas de Raven são uma das medidas de aptidão intelectual mais largamente utilizada.

Este teste foi administrado a todos os sujeitos da amostra.

3. Procedimentos

Foi pedida autorização ao Ministério da Justiça – Direcção Geral dos Serviços Prisionais (DGSP), que foi concedida.

Os dados da amostra foram colhidos no Estabelecimento Prisional (EP) de Santa Cruz do Bispo, destinado a reclusos do sexo masculino. A recolha de dados ocorreu quer no regime comum, onde se encontram reclusos a cumprir pena de prisão efectiva; quer na Clínica de Psiquiatria e Saúde Mental que se encontra inserida nesse mesmo Estabelecimento, e onde estão internados os inimputáveis a cumprir medidas de segurança. Foi também autorizada a consulta e recolha de dados junto dos processos jurídico-penais da Secção de Reclusos daquele EP. Foram contactados todos os psiquiatras que exercem funções no EP e em especial na Clínica de Psiquiatria que disponibilizaram informação clínica acerca dos doentes e/ou reclusos.

Foi utilizado um critério sequencial na recolha da amostra, de acordo com o número de recluso. Quando algum dos reclusos com o número seleccionado não estava presente no EP ou se recusava a participar na investigação, passava-se ao número seguinte até se haverem recrutado os 30 elementos pretendidos para cada um dos grupos (GPP e GMS). No grupo GPP não se verificaram dificuldades no recrutamento de participantes, tendo-se apenas procedido à substituição de um recluso por outro que, devido à sua idade avançada e incapacidade para perceber o alcance do estudo, não foi capaz de efectuar o protocolo até ao final.

No grupo GMS, a ordem sequencial iniciou-se no número 200 (primeiro inimputável, sendo que os reclusos de número inferior eram de regime comum), exceptuando-se os que apesar de inseridos na Clínica Psiquiátrica não estavam a cumprir medida de segurança e, obviamente, aqueles que se recusaram a participar. De referir que muitos deles evidenciaram uma postura de desconfiança face ao trabalho que estava a ser efectuado, chegando mesmo a indagar se seriam informações que poderiam posteriormente ser usadas pelo Tribunal de Execução de Penas. Mesmo depois de esclarecidos, alguns persistiram na recusa. Dos que participaram no estudo, não foi excluído nenhum elemento.

O processo de recolha de informação envolveu dois momentos: um primeiro em que se procedeu à entrevista clínica e administração das Matrizes Progressivas de Raven e um segundo momento em que tendo-se tomado o parecer do painel de especialistas (atrás referido) como indicador da validade[4] da escala R-CRAS (método de júris), se procedeu à sua administração nas amostras seleccionadas, quer através da recolha de informação junto dos reclusos e inimputáveis, quer informação prestada pelo sector de vigilância, informação prestada pelos técnicos de reeducação, informação clínica prestada pelos médicos psiquiatras e recolha de dados constantes nos processos jurídico-penais referentes.

ADMINISTRAÇÃO DO *R-CRAS*

O R-CRAS foi desenhado para quantificar sistematicamente as variáveis críticas, de ordem psicológica e situacional, na altura do cometimento do crime, e aplicar um padrão de decisão para a determinação de sanidade. É da maior importância que a administração do teste siga as instruções indicadas no manual; qualquer afastamento substancial dos procedimentos definidos, pode comprometer a confiança e a validade do protocolo.

Na administração efectuada procuramos seguir o mais fielmente possível os procedimentos recomendados, contudo as amostras utilizadas não preenchiam por completo os requisitos da administração, já que os sujeitos tinham sido anteriormente alvo de decisão judicial. Em relação a algumas das situações, os crimes tinham sido cometidos há já muitos anos, o que dificultou a tomada de decisão em relação a alguns dos itens em concreto (esta situação será descrita e comentada de forma mais detalhada na Discussão e Comentários Finais).

QUESTÕES GERAIS DA ADMINISTRAÇÃO

Na administração da escala, o estudo dos registos disponíveis representa um fundamento essencial na elaboração de uma avaliação forense completa. Este estudo é necessário, não só para encontrar detalhes que de outra forma poderiam passar despercebidos, mas também como forma de corroborar, ou não, o auto-relato efectuado pelo

---

[4] Um instrumento de avaliação é válido na medida em que avalia aquilo que se pretende avaliar.

paciente. A posição preconizada por Rogers (1984) é de que não se deve agendar a avaliação forense, enquanto não estiverem estudados os registos psiquiátricos e os dados do processo judicial, por parte do perito.

Considerando a individualidade e a complexidade de cada avaliação de responsabilidade criminal, não existe nenhum formato especificado para o diagnóstico e entrevista clínica. Como guia geral, a entrevista de diagnóstico deverá cobrir de forma aprofundada os pensamentos, as emoções e o comportamento do indivíduo, na altura do cometimento do crime, bem como nos períodos imediatamente anteriores e posteriores ao mesmo. Deverá igualmente incluir a história médica e psiquiátrica, história criminal, perguntas de fundo relativamente a diagnóstico diferencial, e um exame compreensivo do estado psicológico do indivíduo, na sua relação com o modelo legal.

É essencial que o R-CRAS seja administrado imediatamente após a última entrevista clínica, para que o chamado efeito de "halo" (i.e., uma impressão global que possa distorcer as pontuações individuais) seja minimizado, e para que o técnico psicoforense possa quantificar as variáveis psicológicas e situacionais enquanto estas estão recentes na sua memória.

A presença de várias pontuações *(0)* – "sem informação", deve alertar o perito para o facto de haver uma forte possibilidade de a avaliação de responsabilidade criminal não estar ainda terminada. Tal situação indica a necessidade de se proceder a nova entrevista clínica com o paciente, ou a entrevistas com a vítima ou outros elementos do passado do arguido, de modo a clarificar alguma informação relevante.

É importante que o técnico não caia na tentação de converter a pontuação *(0)* "sem informação" em valores clínicos, com base na probabilidade.

O R-CRAS baseia-se em valores clínicos – *não* em suposições plausíveis *nem* em inferências teóricas por parte do técnico responsável.

Adicionalmente, é sugerida a aplicação de testes psicológicos e de outras aproximações de teor clínico, sempre que haja suspeita de ocorrência de simulação. O examinador deverá igualmente ter em atenção que podem ocorrer distorções da memória, que resultam em explicações auto-justificativas, e que estas são frequentes em indivíduos que tentam manipular a avaliação, ainda que de forma não intencional.

Estudo Exploratório   129

No nosso estudo tal situação não sucedeu, já que os sujeitos das amostras estavam conscientes que do resultado final da avaliação não dependeria qualquer alteração da sua situação jurídico-penal.

4. Método Estatístico

Aquando da apresentação das características da amostra, efectuou-se uma descrição das variáveis sócio-demográficas, clínicas, jurídico-penais e outras variáveis intra-individuais que nos pareceram relevantes. Os resultados foram apresentados sob a forma de frequências absolutas (n) e relativas (%) para as variáveis categóricas e de medidas de tendência central e dispersão para as variáveis numéricas (médias e desvio padrão). O emparelhamento das amostras quanto às variáveis em que tal se julgou conveniente foi estimado através dos procedimentos estatísticos habituais para cálculo de diferença de médias (teste t), no caso de medidas paramétricas, ou frequências (chi-quadrado – χ^2), no caso de medidas não paramétricas.

Também neste capítulo se recorreu ao cálculo de frequências absolutas e relativas para caracterizar as amostras quanto às variáveis em estudo (indicadores de responsabilidade criminal) e se recorreu ao teste chi-quadrado[5] para efectuar os estudos comparativos entre as duas amostras relativamente aos padrões de responsabilidade criminal considerados: padrão de insanidade mental de ALI, padrão culpado mas com doença mental ("GBMI") e padrão de insanidade mental de *"M'Naghten"*.

No entanto, uma vez que as tabelas apresentadas são de 2x2, com baixas frequências (algumas delas inferiores a 10), utilizamos o método de *Yates* para corrigir o χ^2.

Em todas as análises diferenciais considera-se com significado estatístico um valor de p inferior a 0,05.

Para proceder aos cálculos estatísticos foi utilizado o *software* de análise "STATISTICA 6.0".

---

[5] Trata-se de um teste não paramétrico, utilizado para comparar dois ou mais grupos diferentes, com variáveis categóricas.

III.

Resultados

Este capítulo, em que se apresentam os resultados dos trabalhos de campo, encontra-se estruturado em duas partes: uma é simplesmente dedicada à análise descritiva das variáveis estudadas, enquanto na segunda se expõem os resultados decorrentes da estatística comparativa.

1. Estatística descritiva

Tal como foi referido, o R-CRAS foi administrado a ambas as amostras do estudo: grupo em cumprimento de pena de prisão efectiva (GPP) e grupo em cumprimento de medida de segurança de internamento em razão de problemas de saúde mental (GMS).

A partir dos resultados R-CRAS, determinou-se o número de coincidências entre a decisão psicoforense adoptada no quadro do sistema jurídico-penal português, ao abrigo da qual foi decretada a actual medida, e a decisão indiciada pela aplicação dos diferentes padrões decisionais. Por outras palavras, procurou-se conhecer quantos reclusos do regime comum poderiam ter sido declarados inimputáveis à luz dos critérios propostos pelos padrões do modelo em análise e vice-versa (*i.e.*, quantos inimputáveis poderiam ter sido criminalmente responsabilizados).

Tendo em mente o propósito atrás enunciado, verificámos:

1) Relativamente ao padrão de insanidade de "ALI":

- apenas um dos indivíduos pertencente ao GPP (3,3%) foi cotado como *insane*, o que, recorde-se (ver Cap. II, ponto n.º 4), se fez corresponder à nossa definição jurídica de inimputável;

- já quanto ao GMS, 6 indivíduos (20%) foram cotados como imputáveis.

2) Relativamente ao padrão de culpado mas com doença mental – "GBMI":

- neste padrão foram classificados 12 dos indivíduos pertencentes ao GPP (40%), ou seja, apesar de terem sido criminalmente responsabilizados pelos ilícitos cometidos, a aplicação do padrão GBMI ter-lhes-ia permitido serem considerados portadores de doença mental (ver implicações desta classificação no Cap. IV, a propósito da discussão dos resultados);

- também no GMS, 6 indivíduos foram identificados pelo padrão GBMI (20%), ou seja, segundo este padrão, apesar de terem doença mental poderiam ter sido criminalmente responsabilizados pelos ilícitos cometidos, ainda que eventualmente beneficiando da figura da imputabilidade atenuada (ver implicações desta classificação no Cap. IV, a propósito da discussão dos resultados).

3) No padrão de "insanidade de *M'Naghten*:

- um dos elementos (3,3%) do GPP foi submetido a este padrão, já que tinha sido considerado *insane* no padrão ALI, tendo também preenchido os requisitos decisionais de insanidade do mesmo;

- no GMS, a inimputabilidade de todos os indivíduos que foram considerados *insane* no padrão ALI (n= 24; 80%) foi confirmada também por este padrão.

2. Estatística diferencial

Ao efectuarmos um estudo estatístico diferencial, propusemo-nos comparar os indivíduos do GMS com os do GPP, quando submetidos aos diferentes padrões de decisão sobre a responsabilidade criminal, sendo esperadas diferenças significativas entre os grupos nos diversos padrões.

Para tal submeteve-se os resultados de ambos os grupos ao teste Chi-quadrado (χ^2), já que se trata de um teste não paramétrico vulgarmente utilizado com variáveis categóricas (que é o caso das variáveis medidas em ambos os grupos) com o propósito de comparar grupos entre si, fornecendo informação acerca das diferenças entre eles nas variáveis consideradas.

Num primeiro momento pretendeu-se comparar ambos os grupos (GPP e GMS) à luz de cada um dos modelos decisionais referidos.

Num segundo momento pretendeu-se avaliar se os resultados obtidos através da administração do R-CRAS em ambos os grupos diferiam, em termos de decisão de responsabilidade criminal, da avaliação psicoforense efectuada no passado (sem o suporte metodológico fornecido pelo R-CRAS).

Na tabela que se segue, distribuem-se os indivíduos de ambos os grupos pelas condições de inimputável (sim) ou imputável (não) à luz do padrão decisional de insanidade ALI (**ver tabela 5**).

TABELA 5

Comparação de GPP e GMS segundo o padrão de insanidade ALI

Padrão ALI		GPP	GMS	
	Sim/inimp.	1	24	$\chi^{2\ corrigido} = 33,19$
	Não/imput.	29	6	$p < 0,01^{**}$

[**] Diferenças altamente significativas; $\chi^{2\ corrigido}$ pelo método de Yates

134 A Doença Mental (des)culpada

Quando classificamos os participantes de ambos os grupos à luz do padrão decisional ALI podemos observar pelo teste χ^2 corrigido que o GPP diferencia-se estatisticamente do GMS de forma altamente significativa (χ^2 corrigido $= 33,19$ e p $<0,01$), o que demonstra que estamos perante dois grupos de indivíduos com características efectivamente diversas, no que respeita à responsabilidade criminal.

No entanto, e apesar das estatísticas de grupo serem favoráveis à avaliação psicoforense e à decisão jurídico-penal que colocou os indivíduos em estudo em cada uma das medidas em confronto, importa recordar que à luz deste padrão, um dos indivíduos pertencente ao GPP, seria considerado mentalmente *insane*, logo, inimputável.

Relativamente ao padrão decisional GBMI – "Culpado mas com Doença Mental" – a **tabela 6** mostra-nos que ambos os grupos não se distinguem estatisticamente (χ^2 corrigido $=1,98$ e p$=0,15$).

Contudo, da aplicação do padrão GBMI ao GMS resulta que a 6 dos indivíduos deveria ter sido imputada responsabilidade pelos ilícitos cometidos, apesar de terem doença mental.

No GPP, da aplicação do padrão GBMI resulta que apesar de todos serem criminalmente responsáveis, 12 indivíduos indiciam doença mental.

TABELA 6

Comparação de GPP e GMS segundo o padrão GBMI

		GPP	GMS	
Padrão GBMI	Sim	12	6	χ^2 corrigido $= 1,98$
	Não	18	24	p$= 0,15$

χ^2 corrigido pelo método de Yates

Relativamente ao padrão *M'Naghten*, os resultados são exactamente iguais aos obtidos no padrão de insanidade ALI, já que os indivíduos de ambos os grupos que foram considerados *insane* segundo o padrão ALI, também o são relativamente ao padrão *M'Naghten*. Como foi já referido na Parte I, este último padrão acaba por utilizar grande parte dos critérios do primeiro, especificando unicamente detalhes cognitivos em relação à apreciação da natureza do acto criminal.

De seguida iremos proceder à comparação entre a apreciação da responsabilidade criminal por nós efectuada através da metodologia proposta no R-CRAS, nos dois grupos da amostra, e a avaliação psicoforense efectuada no passado, sem metodologia conhecida, segundo a qual os indivíduos foram sentenciados pelo tribunal à actual medida ou pena.

Nas tabelas que se seguem (**tabelas 7 e 8**), compara-se a classificação das amostras (GPP e GMS) à luz do "padrão de insanidade ALI", sem e com a administração do R-CRAS.

TABELA 7

Comparação de GPP sem e com R-CRAS

		GPP (sem R-CRAS)	GPP (com R-CRAS)	
Padrão ALI	**Sim**	0	1	$\chi^{2\ corrigido} = 0,00$
	Não	30	29	$p=1,00$

$\chi^{2\ corrigido}$ pelo método de Yates

No que respeita ao "padrão de decisão ALI", não se observam diferenças significativas ($\chi^{2\ corrigido}=0,00$ e $p=1,00$) no GPP entre à classificação actual e aquela que resultou da avaliação psicoforense anterior, apesar de os técnicos que a efectuaram não terem disposto de um modelo sistematizador das suas práticas avaliativas para a tomada de decisão sobre a responsabilidade criminal (ou, pelo menos, não se encontra explicitado tal modelo no sistema jurídico-penal português).

O mesmo já não acontece em relação ao GMS: na classificação da responsabilidade criminal pela utilização do padrão de decisão acima referido observam-se diferenças significativas em face da avaliação psicoforense antes efectuada ($\chi^{2\ corrigido}=4,63$ e $p=0,031$) (**tabela 8**).

A Doença Mental (des)culpada

TABELA 8

Comparação de GMS sem e com R-CRAS

<table>
<tr><td rowspan="3">Padrão ALI</td><td></td><td>GMS (sem R-CRAS)</td><td>GMS (com R-CRAS)</td><td rowspan="2">$\chi^{2\ corrigido} = 4,63$</td></tr>
<tr><td>Sim</td><td>30</td><td>24</td></tr>
<tr><td>Não</td><td>0</td><td>6</td><td>p= 0,031*</td></tr>
</table>

$\chi^{2\ corrigido}$ pelo método de Yates; * Diferenças significativas

Analisando a classificação dos indivíduos de ambos os grupos sem e com recurso à metodologia R-CRAS mas, desta vez, aplicando o padrão decisional GBMI – "Culpado mas com Doença Mental", obtêm-se os resultados abaixo indicados.

TABELA 9

Comparação de GPP sem e com R-CRAS

<table>
<tr><td rowspan="3">Padrão GBMI</td><td></td><td>GPP (sem R-CRAS)</td><td>GPP (com R-CRAS)</td><td rowspan="2">$\chi^{2\ corrigido} = 12,60$</td></tr>
<tr><td>Sim</td><td>0</td><td>12</td></tr>
<tr><td>Não</td><td>30</td><td>18</td><td>P< 0,01**</td></tr>
</table>

$\chi^{2\ corrigido}$ pelo método de Yates; ** Diferenças altamente significativas

Observamos na **tabela 9**, uma diferença estatística altamente significativa ($\chi^{2\ corrigido} = 12,60$ e p<0,01) no GPP entre a forma como foram anteriormente avaliados pelo sistema jurídico-penal português e a forma como seriam classificados caso se tivesse aplicado o padrão decisional GBMI. Note-se que 12 dos elementos do referido grupo são classificados como portadores de perturbação mental que, não servindo para os ilibar de responsabilidade criminal, poderia colocá-los numa posição jurídico-penal diferente.

O mesmo se passa em relação ao GMS, mas com uma diferença estatística encontrada unicamente significativa e não altamente significativa ($\chi^{2\ corrigido} = 4,63$ e p=0,031) (**tabela 10**), indicando que alguns dos indivíduos considerados inimputáveis e que, por conseguinte, foram sentenciados a cumprir medida de segurança, segundo este padrão decisório, poderiam ter sido responsabilizados pelos crimes cometidos, apesar de serem portadores de doença mental.

TABELA 10

Comparação de GMS sem e com R-CRAS

		GMS (antes R-CRAS)	GMS (após R-CRAS)	
Padrão GBMI	**Sim**	0	6	$\chi^{2\ corrigido} = 4,63$
	Não	30	24	p= 0,031*

$\chi^{2\ corrigido}$ pelo método de Yates; * Diferenças significativas

Tal como anteriormente já referimos, os pressupostos que se aplicam para o padrão ALI, aplicam-se para o padrão *M'Naghten*, uma vez que os indivíduos pontuaram de igual forma em ambos os padrões de "insanidade".

IV.

Discussão e Comentários Finais

Este trabalho de investigação teve como principal objectivo efectuar um estudo exploratório de modelos e metodologias estruturadas de Avaliação da Responsabilidade Criminal.

Procuramos efectuar um levantamento das práticas de avaliação psicoforense e do seu enquadramento, quer no nosso país, quer em países que nos são próximos, como o Brasil, e, ainda, em países bem referenciados relativamente a tais práticas, tais como os países anglo-saxónicos e os países nórdicos.

Verificámos, apesar da escassa bibliografia encontrada para caracterizar as práticas dos países nórdicos, que estes apresentam grandes semelhanças e enfrentam problemas similares aos dos países Ocidentais. Existem indicadores de que o tratamento psiquiátrico de arguidos que sofrem de doença mental é igualmente importante noutros países europeus e em países com sistemas próximos do nórdico, como o Canadá. Nestes países, na actualidade, parece existir uma tendência geral que aponta no sentido de se converter a condenação a instituição prisional dos arguidos com doença mental em internamento involuntário em instituição de saúde (mental). Tal tendência tem sido alicerçada no aumento da percepção, por parte de quem elabora e executa as leis, da importância que as interacções biológicas, sociais e psicológicas têm no desenvolvimento e promoção da saúde mental, mesmo quando está em causa alguém que comete crimes.

No seguimento do levantamento das práticas de avaliação psicoforense, acima explicitado, procurámos de igual modo efectuar um estudo comparativo entre os vários modelos que enquadram as práti-

140 A Doença Mental (des)culpada

cas de avaliação da responsabilidade criminal. Desde logo, tivemos a oportunidade de revelar aspectos comuns e divergentes (ver capítulo III).

Todavia, e apesar de muito se falar do problema da avaliação da responsabilidade criminal, o facto é que não encontrámos, na pesquisa bibliográfica efectuada, modelos que tivessem originado metodologias estruturadas para esse efeito, à excepção da consagrada no R-CRAS. Este dispositivo, apesar de ter sido alvo de algumas críticas em relação à cientificidade das suas bases e à dificuldade da sua validação, como foi anteriormente referido, constitui do nosso ponto de vista, um importante contributo para introduzir um maior rigor e qualidade da avaliação psicoforense da responsabilidade criminal, em relação às abordagens tradicionais menos estruturadas.

O modelo atrás referido baseia-se em três padrões de critérios a considerar na avaliação psicoforense com vista a decidir sobre a responsabilidade criminal dos arguidos: o padrão de insanidade de ALI, o padrão *Guilty but Mentaly Ill* (GBMI) e, por último, o padrão de insanidade de *M'Naghten*.

Quando se examina especificamente o tema da responsabilidade criminal, pode-se observar uma convergência entre as definições legais de inimputabilidade (na lei brasileira e portuguesa) e de *insanity* (na lei norte americana e dos países nórdicos), formulada pelo *Model Penal Code* sob os auspícios do *American Law Institute*.

Já quanto ao padrão *Guilty But Mentaly Ill* – GBMI, não tem identificação directa na legislação penal portuguesa mas, do nosso ponto de vista, apresenta algumas semelhanças com o nosso conceito de imputabilidade atenuada. Este não se encontra claramente definido no nosso Código Penal, sobretudo porque habitualmente se traduz numa atenuação da pena e é utilizado, embora com pouca frequência, em alguns tipos de patologias mentais. Este conceito acaba por não ser muito utilizado em Portugal, não se tirando partido das suas eventuais potencialidades. De facto, a legislação subjacente não dá cobertura ao Tribunal para determinar a obrigatoriedade de tratamento psiquiátrico e/ou psicológico nestes casos, e os indivíduos acabam por cumprir pena de prisão efectiva em conjunto com outros reclusos sem problemas, ou com problemas muito diversos de saúde mental. Contudo, o padrão GBMI e, se assim for entendido, o equivalente português de

Estudo Exploratório

imputabilidade atenuada, podem configurar noções operativas potencialmente muito interessantes, já que permitiriam identificar as limitações de saúde mental de indivíduos que não deixariam de ser criminalmente responsáveis pelos ilícitos cometidos, possibilitando a concepção de programas individualizados de reabilitação-ressocialização ajustados aos problemas desses mesmos indivíduos. Se tais programas seriam aplicados nos estabelecimentos prisionais regulares ou em instituições especiais de saúde mental, se o internamento nessas instituições deverá fazer-se com carácter compulsivo ou, até, em regime ambulatório supervisionado, são questões que ultrapassam o âmbito deste trabalho mas cuja resposta depende, necessariamente, das especificidades de cada caso.

Tendo como base o modelo de avaliação psicoforense Norte-Americano, em que se operacionalizam os diferentes padrões decisionais sobre a responsabilidade criminal acima descritos, demos início a um estudo de natureza diferencial a dois níveis:

– dos resultados da avaliação da responsabilidade criminal de um grupo de reclusos de regime comum comparativamente com um grupo de indivíduos a cumprir medida de segurança (inimputáveis);
– dos resultados da avaliação da responsabilidade criminal de cada um dos grupos, comparativamente com os resultados da avaliação psicoforense exercida no âmbito do sistema jurídico-penal português e que esteve na base da decisão sobre a respectiva (in)imputabilidade no passado.

A metodologia para a recolha de dados centrou-se no *Rogers Criminal Responsibility Assessment Scale (R-CRAS)*, visto que nesta escala se operacionaliza um conjunto de itens que permitem recolher informação conforme o modelo norte-americano de avaliação da responsabilidade criminal, i.e. informação relativa aos padrões de critérios que atrás se descreveram. Tal instrumento foi traduzido e adaptado para a realidade portuguesa. Ainda que não se tenha procedido aos estudos de aferição do dito instrumento, nomeadamente ao cálculo dos índices estatísticos de validade, fidelidade e sensibilidade, por tais estudos estarem à margem do âmbito desta tese, os conceitos foram avaliados e modificados por um painel de especialistas com vista a adequá-los à linguagem psicoforense por nós utilizada e garantir a sua validade facial. Em estudos subsequentes, o cálculo dos índices acima enunciados poderá vir a constituir-se como um dos objectivos a prosseguir.

A metodologia avaliativa decorrente do modelo seleccionado (R-CRAS, assessorado por uma entrevista clínica semi-estruturada e pelas Matrizes Progressivas de Raven) foi administrada a dois grupos de indivíduos do género masculino – 30 reclusos a cumprir pena de prisão e 30 inimputáveis a cumprir medida de segurança de internamento (emparelhados quanto à idade, nível socio-económico e habilitações e académicas).

Do ponto de vista técnico e metodológico, e em jeito de primeira conclusão, este estudo mostra que é exequível a adopção de uma metodologia como a proposta pelo R-CRAS, às amostras seleccionadas, por algumas das seguintes razões: primeiro, permitiu uma menor gestão de tempo e esforço comparativamente com as práticas convencionais, nas quais temos alguma experiência; depois, porque não requer mais competências profissionais e conhecimentos técnico--científicos acrescidos, por referência às mesmas práticas convencionais; por último, os resultados que obtivemos foram interessantes a vários níveis, como teremos oportunidade de explicar, mesmo tendo--se procedido à avaliação vários anos após o cometimento do crime e condenação.

Debruçando-nos, então, sobre os dados que resultaram da administração do R-CRAS, recordemos o número de coincidências entre a decisão psicoforense adoptada no quadro do sistema jurídico-penal português (sem a existência de um modelo estruturado de avaliação da responsabilidade criminal conhecido), e os resultados obtidos a partir dos diferentes padrões decisionais presentes no modelo deste estudo.

Relativamente ao padrão de insanidade de "ALI", na amostra GMS verificámos que 20% dos indivíduos foram cotados como imputáveis, ou seja, criminalmente responsáveis pelo ilícito cometido. Dito de outra forma, a ter-se aplicado uma metodologia avaliativa da responsabilidade criminal similar à que aplicámos no nosso estudo quando esses indivíduos foram constituídos arguidos, um número provavelmente não menosprezável deles teria sido considerado imputável e, por conseguinte, estariam a cumprir uma medida diferente da actual.

Relativamente à amostra GPP, apenas um elemento foi considerado inimputável (3,3%) o que, seguindo o mesmo raciocínio, nos leva a supor que caso tal indivíduo tivesse sido avaliado de acordo com a metodologia por nós seguida, não estaria possivelmente a cumprir pena num estabelecimento prisional regular. Aproveitamos para salientar que o padrão do "American Law Institute" estabelece os critérios de insanidade mais utilizados nos Estados Unidos da América. A reforçar as nossas reflexões anteriores, ressalve-se que pela forma como o padrão ALI está definido, os termos "doença ou defeito mental" não incluem uma anomalia manifestada apenas por conduta criminal repetida ou outro tipo de conduta anti-social. Como foi já definido por Brooks (1984) engloba 5 conceitos operativos: doença ou defeito mental, falta substancial de capacidade, avaliação, incorrecção e adaptação da conduta às exigências da lei.

No que diz respeito ao padrão "GBMI", encontrámos 6 indivíduos na amostra GMS, que preenchem os requisitos para serem enquadrados neste padrão. Isto significa que apesar de serem pessoas com doença mental, segundo este padrão poderiam ter sido criminalmente responsabilizados. Contudo, o raciocínio que podemos realizar sobre as consequências de tal conclusão não é tão linear como no caso do padrão ALI. Na verdade, sempre afirmando a sua responsabilidade criminal, é difícil avalizar se poderiam ser declarados imputáveis ou, eventualmente, lhes seria concedida imputabilidade atenuada. Esta dificuldade advém de dois aspectos:

- por um lado, relembremos que o tempo de latência transcorrido entre a prática do crime e o nosso estudo torna mais difícil ajuizar as reais condições em que foi praticado o ilícito e o peso da interferência dos problemas de saúde mental nos actos do indivíduo;
- por outro lado, essa decisão tem, frequentemente, um critério meramente jurídico (que, portanto, escapa aos peritos psicoforenses).

O conceito de imputabilidade atenuada não se encontra claramente definido no nosso Código Penal, sobretudo porque habitualmente se traduz numa atenuação da pena, nomeadamente em indivíduos com perturbação da personalidade (Almeida, 1999). Se

144   *A Doença Mental (des)culpada*

nalgumas situações esta atenuação é justificável, noutras, contudo, parece-nos mais adequada a determinação de um plano individualizado de reabilitação e ressocialização em função da doença ou dos problemas mentais em causa.

Se já é esse o nosso entendimento quanto ao grupo GMS, reforçámo-lo quando analisámos os resultados do GPP. Com efeito, 40% dos reclusos de regime comum foram classificados neste padrão. Ou seja, apesar de terem sido correctamente responsabilizados pelos crimes cometidos, a aplicação dos critérios do padrão GBMI permitiu identificar vários problemas de saúde mental nesse subgrupo de indivíduos, apesar de nalgumas situações, vários anos após o cometimento do ilícito.

Não pomos em causa a medida penal aplicada nem, muito menos, o facto de se encontrarem recluídos em Estabelecimentos Prisionais comuns. Contudo, não podemos deixar de colocar as questões que fizemos em relação aos indivíduos do grupo anterior junto dos quais obtivemos resultados similares: não se poderia equacionar a figura da imputabilidade atenuada para tais pessoas? Associada a tal figura, será que estes indivíduos não beneficiariam de um plano individual de reabilitação direccionado para os seus problemas de saúde mental, independentemente das condenações que se encontram a cumprir e do local das mesmas?

Sabemos bem que estas questões não são isentas de controvérsia e, especialmente nos Estabelecimentos Prisionais de regime comum, os reclusos não são obrigados a efectuar qualquer tratamento psicológico, médico e/ou medicamentoso, se assim o entenderem. Também nos Estados Unidos, a adopção do padrão GBMI, não é isenta de controvérsia, como já foi referido, sobretudo no que respeita à definição do conceito de doença mental. A maioria dos Estados modelou a sua legislação de acordo com o estatuto de Michigan que define *doença mental* como uma desordem substancial de pensamento ou comportamento que perturbe significativamente o julgamento, comportamento, a capacidade de reconhecer a realidade, ou a capacidade de levar a cabo as obrigações normais da vida (Palmer e Hazelrigg, 2000). Mas há duas diferenças de fundo entre a realidade nacional e a norte--americana: em primeiro lugar, a figura GBMI está prevista no segundo sistema, podendo ser aplicada de forma simultaneamente efectiva e criteriosa; em segundo lugar, a aplicação de tal figura permite sinalizar junto do sistema jurídico-penal um conjunto não menosprezável de pessoas que, pelas suas especificidades, devem beneficiar de tratamento específico e multidimensionado, com claras vantagens para si próprios e, obviamente, para sociedade.

Relativamente ao nosso estudo, o facto é que em ambas as amostras se encontra um subgrupo de 18 indivíduos (6 no GMS e 12 no GPP) que, tendo sido submetidos à metodologia de avaliação de responsabilidade criminal que nos propusemos aplicar, poderiam ser sinalizados como apresentando problemas de saúde mental, embora se considerassem criminalmente responsáveis. Como já tivemos oportunidade de argumentar, esta situação, a nosso ver e atendendo à classificação jurídico-penal portuguesa, poderia eventualmente encaixar-se no conceito de imputabilidade atenuada, desde que não se perdesse de vista a especificidade destes indivíduos na concepção de programas de reabilitação adequados.

Sabemos que grande parte dos doentes mentais que cometem crimes, carecem de enquadramento social e familiar que lhes proporcione um adequado tratamento médico e medicamentoso, com vista a compensá-los clinicamente e consequentemente a prevenir comportamentos desajustados (Coelho e Nobre, 1997). É importante salientar que alguns quadros psicopatológicos, nomeadamente psicóticos, apresentam uma perigosidade muito menor quando clinicamente compensados. Contudo, também é importante não menosprezar a perigosidade dos doentes mentais psicóticos descompensados (Almeida, 1999).

De facto, tal como está organizado, o sistema jurídico-penal português não está preparado para detectar este subgrupo, a não ser de forma fortuita, pelo que não os diferencia dos restantes elementos, acabando por declará-los dicotomicamente imputáveis ou inimputáveis. Para que este subgrupo de indivíduos surja, são necessárias práticas ajustadas de avaliação da responsabilidade criminal e, simultaneamente, que as pessoas que pensam e aplicam as leis definam a forma de lidar com eles, uma vez identificados e caracterizados os seus problemas.

Por fim, relativamente ao padrão de insanidade de *M'Naghten*, os resultados são sobreponíveis aos do padrão ALI, pelo que no GPP apenas um dos elementos mantém o critério de insanidade neste padrão e no GMS, 80% da amostra foi considerada como preenchendo os critérios de insanidade, o que confirma a inimputabilidade destes indivíduos. Os restantes 20%, também segundo este padrão poderiam ter sido responsabilizados pelos ilícitos cometidos, apesar de apresentarem problemas de saúde mental o que, eventualmente, poderia torná-los elegíveis para o padrão GBMI.

É importante referir que o padrão clássico de insanidade de *M'Naghten*, se baseia essencialmente em défices cognitivos, défices esses de tal ordem que tornam o indivíduo incapaz de compreender aquilo que estava a fazer, ou de compreender a incorrecção do seu comportamento na vertente legal ou moral. É também de ter em conta que apesar deste padrão diferir do padrão ALI no rigor da sua interpretação, não encontrámos quaisquer estudos empíricos disponíveis que referissem se essas diferenças nos padrões têm algum suporte real na avaliação clínica de insanidade, ou se são claramente entendidas pelos peritos examinadores forenses.

No que respeita às nossas amostras em concreto, os *défices* cognitivos surgiram de tal forma acentuados que não suscitaram dúvidas de classificação. À possibilidade de tais défices terem uma origem precoce, junta-se o facto de a grande maioria dos indivíduos investigados se encontrarem institucionalizados há já longos anos (ver características das amostras), o que acaba por afectar e conduzir a um declínio cognitivo ainda mais acentuado. É possível que se os mesmos indivíduos tivessem sido avaliados na altura da prática do crime as dificuldades cognitivas tivessem sido um pouco menos acentuadas.

Ao compararmos estatisticamente ambos os grupos (GPP e GMS) à luz de cada um dos padrões decisionais referidos, verificámos que pelos padrões de insanidade de ALI e *M'Naghten*, os grupos se diferenciam de forma altamente significativa (ver capítulo de resultados). Tal resultado, confirma que estamos de facto perante dois grupos com características muito diversas em relação à definição da responsabilidade criminal e tal diferença joga a favor da condenação a que foram sentenciados, num e noutro casos. No entanto, apesar das diferenças encontradas, não deixa de ser importante reafirmar que no GPP, de acordo com este padrão, um dos elementos poderia ser considerado inimputável, e no GMS, seis indivíduos poderiam ser criminalmente responsabilizados pelos ilícitos cometidos. É de relevar que no GPP, 6 dos 30 elementos (20%) da amostra tiveram contacto prévio com psiquiatria com uma média de 0,4 internamentos. Verifica-se que apesar de em muito menor percentagem, a amostra constituída pelo GPP integra elementos portadores de doença mental, ou toxicodependência que levou à procura de cuidados médicos especializados, antes mesmo da actual detenção.

Mas, mais interessante do que os dados antecedentes, é o facto de podermos verificar que os dois grupos não se distinguem estatisticamente no que respeita ao padrão decisional GBMI (ver capítulo de resultados). Se a análise de dados anteriores já nos havia permitido constatar que em ambos os grupos existia um número considerável de indivíduos criminalmente responsáveis, mas com problemas de saúde mental, agora podemos concluir, de uma forma que nos surpreende, que os grupos não se distinguem com base nesse critério. Reflectindo sobre tal achado, se é verdade que a diferenciação estatística dos grupos com base nos padrões de insanidade caucionavam as decisões jurídico-penais que conduziram à situação em que cada um dos grupos se encontra, já os dados agora em apreço vêm questionar, em certa medida, os critérios decisionais utilizados no passado para classificar os indivíduos destas amostras e as práticas avaliativas que os consubstanciaram.

Impelidos pelos resultados acima, vejamos o que resulta da comparação estatística entre a apreciação da responsabilidade criminal por nós efectuada com base na metodologia R-CRAS, nos dois grupos, e a avaliação psicoforense efectuada no passado, com metodologia desconhecida.

No GPP, não se observaram diferenças significativas entre a classificação actual (com R-CRAS) e a efectuada no passado (com metodologia desconhecida) relativamente aos padrões decisionais ALI e *M'Naghten* (ver capítulo dos resultados). Portanto, numa primeira apreciação deste resultado, poderíamos ser levados a afirmar que a metodologia R-CRAS não constitui uma mais-valia para o rigor da avaliação psicoforense da responsabilidade criminal. No entanto, tal conclusão seria precipitada.

Com efeito, no GMS, ainda considerando os padrões ALI e *M'Naghten*, vamos encontrar diferenças estatisticamente significativas relativamente às tomadas de decisão de enquadramento da responsabilidade criminal efectuadas no passado. Isto significa que o tal subgrupo que poderia ter sido criminalmente responsabilizado pelos ilícitos cometidos à luz metodologia por nós utilizada, muito embora apresente problemas de saúde mental, assume significado estatístico. Dito de outra forma, no grupo GMS, a avaliação com recurso ao R-CRAS ou às práticas correntes de avaliação psicoforense, não produz os mesmos resultados quanto à decisão sobre a responsabilidade criminal dos indivíduos em estudo.

Ora, é precisamente quando os indivíduos são criminalmente responsáveis mas apresentam problemas de saúde mental, que as diferenças entre recurso ao R-CRAS e as práticas correntes de avaliação psicoforense se tornam mais notórias, o que dá força à necessidade que temos vindo a apontar de identificar e lidar de forma apropriada com esses indivíduos. Note-se que aplicando o padrão decisional GBMI ao GPP, obtivemos diferenças estatísticas altamente significativos entre o recurso à metodologia R-CRAS e a situação penal actual dos indivíduos, enquanto indicador das decisões tomadas no passado (ver capítulo de resultados). Da mesma forma aplicando o padrão decisional GBMI, desta vez ao GMS, obtemos diferenças estatísticas significativas entre os resultados R-CRAS e a decisão sobre a sua inimputabilidade que os colocou no cumprimento de medidas de segurança (ver capítulo de resultados). Ou seja, podemos concluir que há um número estatisticamente significativo de indivíduos que foram declarados inimputáveis no passado, mas poderiam ter sido criminalmente responsabilizados, embora tal como no GPP, sujeitos a medidas e programas de reabilitação à medida das suas necessidades de saúde e de integração sócio-familiar.

Quando analisamos os dados de saúde das nossas amostras, nomeadamente aos hábitos de consumo de álcool prévios à detenção, verifica-se que em ambos os grupos existiam hábitos alcoólicos marcados: 60% no GMS e 77% no GPP. Para a maioria dos indivíduos, de ambos os grupos, sobretudo os habitantes de meios rurais, o consumo de álcool iniciou-se na infância, essencialmente no seio da própria família. A associação entre o alcoolismo e a doença mental é um indicador de mau prognóstico, já que diminui o juízo crítico, a adesão terapêutica, a integração e manutenção em programas de reabilitação e altera o efeito de alguns psicofármacos, diminuindo-o (Cunha, 2003).

Em suma, a metodologia por nós adoptada fez emergir um número significativo de indivíduos que, apesar de criminalmente responsáveis, poderiam ter sido alvo de decisão jurídica específica (eventualmente imputabilidade atenuada), acompanhada de medida penal apropriada, que contemplasse um programa de reabilitação adequado às limitações que apresentam – problemas de saúde mental. Esta discrepância de resultados parece resultar de vários factores, alguns dos quais já elencámos oportunamente, por exemplo, o sistema jurídico-penal não prevê de forma específica este tipo de casos, logo, não formula pedidos claros aos técnicos de avaliação psicoforense no sentido de os considerar e os próprios peritos não estão, em regra, atentos à sua especificidade, até porque tal especificidade tende a não produzir consequências jurídicas, tudo isto sem esquecer a forma pouco uniforme como a avaliação psicoforense é conduzida no nosso país.

Em linhas finais, gostaríamos de transmitir que apesar dos resultados encontrados através da aplicação da metodologia baseada no R-CRAS se terem mostrado importantes para responder aos propósitos deste trabalho de investigação, é igualmente importante salientar algumas dificuldades e limitações com que nos deparámos e que nos levam a olhar para as conclusões que acima apontámos com a devida ponderação.

Em primeiro lugar, o R-CRAS está concebido para ser administrado num espaço de tempo curto após o cometimento do ilícito. No nosso estudo, como é sabido, a administração do instrumento ocorreu nalgumas situações vários anos após a condenação. A avaliação envolve, para além de outras dimensões, uma descrição do acto ilícito e do comportamento do indivíduo antes, durante e depois da ofensa. Como se depreende, o tempo que mediou entre o crime e o nosso estudo pode ter comprometido a veracidade e acuidade dos relatos. Deste modo, a avaliação de algumas das dimensões que o R-CRAS contempla encontra-se de certa forma comprometida, sobretudo quando se pretende avaliar o grau de confiança do auto-relato do paciente. Ainda assim, não podemos esquecer que mesmo quando administrado no momento indicado, muita da informação recolhida baseia-se no auto-relato do arguido.

150 *A Doença Mental (des)culpada*

Além disso, neste estudo recorreu-se aos vários elementos disponíveis no processo do recluso/inimputável (relatórios médicos, acórdãos de sentença, perícias psiquiátricas, etc.) que remontam alguns deles à altura do crime. Por isso, mesmo tendo consciência que a sistematização da informação e a escalonagem das diferentes dimensões (planeamento e preparação para o cometimento do ilícito, consciência da criminalidade durante a prática do ilícito, grau de intencionalidade, nível geral de actividade do indivíduo, nível de perturbação em actividades não relacionadas com a ofensa, auto-controlo referido e observado no paciente em relação ao comportamento criminal) não terá tido o rigor que teria se a avaliação fosse efectuada antes do julgamento, tudo fizemos para que nos aproximássemos do rigor desejável.

Em segundo lugar, atendendo às características da população em questão (baixo nível de habilitações académicas, níveis intelectuais baixos), e a alguma dificuldade sentida na recolha da informação, devido à instabilidade, cansaço e desmotivação, que foi mais notória no GMS, não nos foi possível administrar o R-CRAS imediatamente após a entrevista clínica, ao contrário do procedimento que é sugerido por Rogers, para evitar o efeito de "halo".

Em terceiro lugar, na determinação do nível intelectual optámos pela administração das Matrizes Progressivas de Raven e não pela Escala de Inteligência de Wechsler para Adultos, como é sugerido por Rogers, pelo facto de esta última se tratar de um instrumento avaliativo de administração bastante mais demorada e por ser claramente influenciada pelo grau de literacia, e estar-mos perante uma população pouco letrada. Concretamente, em relação às habilitações académicas, apesar das amostras se encontrarem emparelhadas, 33% dos indivíduos da amostra GMS encontram-se respectivamente no primeiro e segundo ciclo, seguindo-se um percentagem de 17% daqueles que não sabem ler nem escrever. No GPP observa-se que 43% da amostra tem o primeiro ciclo, seguindo-se 17% dos indivíduos que possuem respectivamente o segundo e terceiro ciclo. Relativamente ao nível intelectual encontrado verifica-se uma elevada percentagem de indivíduos com nível inferior (36% no GPP e 43,5% no GMS), seguindo-se por ordem decrescente os que pontuam no nível médio-inferior (27% no GPP e 43,5% no GMS).

No entanto, as Matrizes têm sido apresentadas, há décadas, como um instrumento fiável para avaliação da capacidade intelectual geral e, no contexto em que as amostras se encontravam inseridas (de institucionalização prisional), pareceu-nos preferível não "sobrecarregar" os indivíduos com uma bateria mais extensa.

De forma similar e em quarto lugar, parece-nos que uma avaliação neuropsicológica poderá constituir uma mais valia para esclarecer dúvidas de apreciação em certos itens do R-CRAS, nomeadamente no que respeita à avaliação de organicidade. Entendemos contudo, que quer a avaliação neuropsicológica, quer a avaliação intelectual com recurso à Escala de Wechsler podem ser aconselhadas em contexto real de avaliação psicoforense, pelo menos em alguns dos casos, porque nos permite calcular o seu índice de deterioração mental.

Finalmente, é fundamental, que além da consciência científica e do aperfeiçoamento das práticas profissionais, seja reconhecida relevância jurídica e política a este tipo de questões que envolvem a doença mental como potencial (des)culpabilizadora de comportamentos ilícitos.

No presente estudo conclui-se pela importância das investigações nesta área e pela necessidade de as prosseguir. A importância de uniformizar práticas e metodologias de avaliação psicoforense da responsabilidade criminal, é do nosso ponto de vista um aspecto crucial no enquadramento jurídico-penal português, em benefício de uma maior equidade de julgamento e, também, da consideração das características individuais nas medidas de ressocialização.

Concluímos que usando uma metodologia uniforme e com claros critérios baseados em escalas de avaliação fiáveis, se verificou a necessidade de reconsiderar a apreciação (que implicou decisão judicial) de responsabilidade criminal.

REFERÊNCIAS BIBLIOGRÁFICAS

1. ACKERMAN MJ (1999). *Essentials of Forensic Psychological Assessment.* John Wiley & Sons, inc.USA.

2. ALBRECHT HJ & KILCHLING M (2002). Crime Risk Assessment, Legislation, and the prevention of Serious Crime – Comparative perspectives. *European Journal of Crime, Criminal Law and Criminal Justice.* Vol. 10/1, pp. 23-38.

3. ALMEIDA F (1999). *Homicidas em Portugal.* Ed. Instituto Superior da Maia. Maia.

4. BAARS-SCHUYT A (2001). Overview of Criminology in Europe. *European Journal on Criminal Policy and Research; Criminal Justice Periodicals.* Fall 2001, n.º 9 (3), pp. 301 – 313.

5. BALDURSSEN E (2000). Prisoners, Prisons and Punishment in Small Societies. *Journal of Scandinavian Studies in Criminology and Crime Prevention.* Vol. 1, pp. 6 – 15.

6. BARRETO IC (2000). A Convenção Europeia dos Direitos do Homem e os Direitos dos doentes mentais. *Revista de Psiquiatria. Hospital Júlio de Matos,* Vol. XIII, n.º 2, Maio/Agosto, pp. 109-123.

7. BERMAN ME & COCCARO EF (1998). Neurobiologic correlates of violence: Relevance to Criminal Responsibility. *Behavioral Sciences and the Law,* n.º 16, pp. 303-318.

8. BLOOM H (1996). Psychiatric Issues in the Criminal Process. *A Pratical Guide of Mental Health Law, Capacity and Consent Law of Ontario.* Hy Bloom and Michael Bay (eds), Carswell, pp. 255-292.

9. BLOOM JD, WILLIAMS MH, BIGELOW DA (2000). The Forensic Psychiatric System in the United States. *International Journal of Law and Psychiatry,* Vol. 23, n.º 5-6, pp.605-613.

10. BONDESON UV (2005). Crime and Criminals in Nordic Countries. *Society Abroad.* January/February.

11. BOULEY D, MASSOUBRE C, SERRE C, LANG F, CHAZOT L, PELLET J (2002). Les fondements historiques de la responsabilité pénale. *Ann Méd Psychologique,* n.º 160, pp. 396-405.

12. CALLAHAN LA & SILVER E (1998). Factors Associated with the Conditional Release of Persons Acquitted by Reason of Insanity: A decision Tree Approach. *Law and Human Behavior.* Vol. 22, n.º 2, pp. 147-163.

13. CARNEIRO DOS SANTOS JA (1996). *Psiquiatria Forense.* Textos de apoio aos cursos de Psiquiatria Forense do Internato de psiquiatria.

154 A Doença Mental (des)culpada

14. Código de Processo Penal (1987). Leal-Henriques M & Santos SM, *Código de Processo Penal Anotado*. Rei dos Livros (Ed.), 1999, Porto.

15. Código Penal (1982). Livraria Almedina, Coimbra, 1997.

16. Código Penal (2005). Série Legislação Académico-forense. Edições Vértice. São Paulo.

17. COELHO C & NOBRE P (1997). Acompanhamento e enquadramento de inimputáveis. *Boletim informativo Interno do Instituto de Reinserção Social*, n.º 19, pp. 23-31.

18. CRISANTI AS, ARBOLEDA-FLOREZ J & STUART HEATHER (2000). The Canadian Criminal Code Previsions for Mentally Disordered Offenders: A Survey of Experiences, Attitudes, and Knowledge. *The Canadian Journal of Psychiatry*, Vol. 45, November, pp. 816-821.

19. CUNHA S (2003). *Esquizofrenia e Crime-contributo para o estudo da agressividade dos inimputáveis perigosos*. (Tese de Mestrado da Faculdade de Medicina da Universidade do Porto).

20. DENNEY RL, WYNKOOP TF (2000). Clinical Neuropsychology in the Criminal Forensic Setting. *Journal of Heath Trauma Rehabilitation*. Abril: 804-828.

21. DIAS CORDEIRO JC (2003). *Psiquiatria Forense*, Fundação Calouste Gulbenkian.

22. DSM-IV-TR, Manual de Diagnóstico e Estatística das Perturbações Mentais (2002). 4ª Ed., Texto Revisto. American Psychiatric Association. Climepsi Editores. Lisboa.

23. EAVES D, OGLOFF JRP & ROESCH R (2000). *Mental Disorders and the Criminal Code: Legal Background and Contemporary Perspectives*. Published by Mental Health, Law, and Policy Institute. Simon Fraser University. Burnaby, British Columbia.

24. FAZEL S & GRANN M (2002). Older Criminals: a descriptive study of psychiatrically examined offenders in Sweden. *International Journal of Geriatric Psychiatry*. N.º 17, pp.907-913.

25. FERREIRA M (1991). O Direito à Saúde Mental. *Revista de psiquiatria.Hospital Júlio de Matos*, Vol. IV, n.º 2, Abril/Junho, pp. 93-97.

26. FIGUEIREDO DIAS J & ANDRADE MC (1984). *Criminologia. O homem delinquente e a sociedade criminógena*. Coimbra Editora, Limitada.

27. FONSECA AF (1987). *Psiquiatria e Psicopatologia*. II Volume, Fundação Calouste Gulbenkian. Lisboa, pp. 485-567.

28. FÜHRER MCA & FÜHRER MRE (2005). *Resumo de Direito Penal (parte especial)*. 5ª Edição. Colecção 11, Resumos. PC Editorial Lda. Brasil.

29. GATES JR. PH (2003). Competency v. Responsibility: Competing Standards, Interests and the Administration of Justice. *Journal of Forensic Psychology Practice*. Vol. 3, n.º 1, pp.79-88.

30. GIBBONS P, MULRYAN N, MCALEER A & O'CONNOR A (1999). Criminal Responsibility and Mental Illness in Ireland 1850-1995: fitness to plead. *In Journal of Psychiatry Med*. Vol. 16, n.º 2, pp.51-56.

31. GIORGI-GUARNIERI D, JANOFSKY J & COLS. (2002). AAPL Practice Guideline for Forensic Psychiatric Evaluation of defendants raising the Insanity Defense. *The Journal of the American Academy of Psychiatry and the Law*. Supplement. Vol. 30 (2): S3-S40.

32. GOLDSTEIN RL (1992). Dr. Rogers "Insanity Detector" and the Admissibility of Novel Scientific Evidence. *Medicine and Law*. 11: 441-447.

33. GOMES BA (1999). *Dos Estabelecimentos de Alienados nos Estados Principais da Europa*. Ed Ulmeiro. Lisboa.

34. GONÇALVES RA, MACHADO C, SANI AI & MATOS M (1999). Crimes – Práticas e Testemunhos. *Actas do Congresso Crimes Ibéricos*. Centro de Estudos em Educação e Psicologia. Instituto de Educação e Psicologia. Universidade do Minho. Braga.

35. GUTHEIL TG (1999). A confusion of Tongues: Competence, Insanity, Psychiatry, and the Law. *Psychiatric Services*. June, Vol. 50 (6): 767-773.

36. HIRSCH AV (1997). Beware of Punishment: On the Utility and Futility of the Criminal Law. *The British Journal of Criminology; Criminal Justice Periodicals*. Autumn 1997, n.º 37 (4), pp. 686 – 689.

37. HODGINS S (2002). Research Priorities in Forensic Mental Health. *International Journal of Forensic Mental Health*. Vol.1, (1): 7-23.

38. HOYER G (1988). Management of Mentally ill offenders in Scandinavia. *International Journal of Law and Psychiatry*. N.º 11 (4), pp. 317-327.

39. JARA JM (1997). A Lei de Saúde Mental Inglesa (Mental Health Act – 1983) *Revista de Psiquiatria. Hospital Júlio de Matos*, Vol. X, N.º 2, Maio/Agosto, pp.109- 114.

40. KELLY T, SIMMONS W & GREGORY E (2002). Risk Assessment and Management: A Community Forensic Mental Health Practice Model. *International Journal of Mental Health Nursing*, n.º 11, pp. 206-213.

41. KILLIAS M & AEBI MF (2000). Crime trends in Europe from 1990 to 1996: How Europe demonstrates the limits of American Experience? *European Journal on Criminal Policy and Research; Criminal Justice Periodicals*. Mar 2000, n.º 8 (1), pp. 43 – 62.

42. KINBERG O (1941). Will a Conception of Imputability be of Practical use in a Penal System Founded on Empirical Psychology? *British* Journal of Medical Psychology, n.º 19, pp. 124-136.

43. KRAVITZ HM & KELLY J (1999). An Outpatient Psychiatry Program for offenders with Mental Disorders Found not Guilty by Reason of Insanity. *Psychiatric Services*. December. Vol. 50, n.º 12, pp.1597-1605.

44. KUCHARSKI LT, RYAN W, VOGT J & GOODICE E (1998). Clinical Symptom Presentation in Suspected Malingerers: An Empirical Investigation. *The Journal of the American Academy of Psychiatry and the Law*. Vol. 26, n.º 4, pp. 579-585.

45. LAHTI R (2000). Towards a Rational and Humane Criminal Policy - Trends in Scandinavian Penal Thinking. *Journal of Scandinavian* Studies *in Criminology and Crime Prevention*. Vol 1, pp. 141-155

46. Lei de Assistência Psiquiátrica de 11 de Maio de 1911. *Revista de Psiquiatria. Hospital Júlio de Matos*, Vol. X, n.º 2, Maio/Agosto, pp. 142-155.

47. LONGATO-STADLER E, KNORRING LV & HALLMAN J (2002). Mental Personality disorders as well as personality traits in a Swedish male criminal population. *Nordic journal of Psychiatry*. N.º 56, pp. 137 – 144.

48. MARSHALL IH (2001). The Criminological Enterprise in the Europe and the United States: a Contextual Exploration. *European Journal on Criminal Policy and Research*, n.º 9, pp. 235-257.

49. MANNHEIM H (1984). *Criminologia Comparada* (Vols. I e II), Fundação Calouste Gulbenkian, pp.479-501.

50. McGRAW SL & FOLEY LA (2000). Perceptions of insanity based on occupation of defendant and seriousness of crime. *Psychological Reports*, n.º 86, pp. 163- 174.

51. McSHERRY B (1998). Getting Away with Murder? Dissociative States and Criminal Responsibility. *International Journal of Law and Psychiatry*. Vol. 21, n.º 2, pp. 163--176.

52. MENZIES R (2002). Historical profiles of Criminal Insanity. *International Journal of Law and Psychiatry*, n.º 25, pp.379-404.

53. MISCOLL DA (2001). A Study of Crime Scene Analysis in the Forensic Evaluation of Criminal Responsibility in Homicide Cases. *American Journal of Forensic Psychology*. Vol. 19, n.º 2, pp.33-63.

54. MORSE SJ (1999). Craziness and Criminal Responsibility. *Behavioral Sciences and the Law*. N.º 17, pp. 147-164.

55. MULLEN PE, BRIGGS S, DALTON T & BURT M (2000). Forensic Mental Health Services in Australia. *International Journal of Law and Psychiatry*, Vol. 23, n.º 5-6, pp.433-452.

56. MÜLLER-ISBERNER R, FREESE R, JÖCKEL D & CABEZA SG (2000). Forensic Psychiatric assessment and treatment in Germany. *International Journal of Law and Psychiatry*, Vol. 23, n.º 5-6, pp.467-480.

57. MUSHER DA (2002). Prohibiting Capital Punishment for people Identified with Mental Retardation: Protection or Discrimination? *Research and Practice for Persons with Severe Disabilities*, n.º 2, pp.153-157.

58. NELKEN D (2003). Beyond Compare? "Criticizing the American Way of Law". *Law and Social Inquiry: Criminal Justice Periodicals*. N.º 28 (3), pp. 799- 831.

59. NILSSON R (2003). The Swedish Prison System in Historical Perspective: a Story of Successful Failure? *Journal of Scandinavian* Studies *in Criminology and Crime Prevention*. Vol. 4, pp. 1- 20.

60. NIVEAU G & McQUILLAN A (2000). Criminal Responsibility: a review of the literature since 1981. *Health Law in Canada*, May, Vol. 20, n.º 4, pp.58-66.

61. NIVEAU G, SOZONETS E (2001). Criminal Responsibility assessment in Switzerland: changes and continuity. *Eur Psychiatry*. (16): 483-490.

62. NOONAN JR (2000). Dissociative Identity Disorder and Criminal Intent: an Approach to Determining Responsibility. *American Journal of Forensic Psychology*. Vol. 18, n.º 4, pp.5-26.

63. OGLOFF JRP (2002). Identifying and accommodating the needs of mentally ill people in goals and prisons. *Psychiatry, Psychology and Law*, Vol. 9, n.º 1, pp.1-33.

64. OHAYON MM, Crocker A & cols. (1998). Fitness, Responsibility, and Judicially Ordered Assessments. *The Canadian Journal of Psychiatry*. Vol. 43 (5) 491-495.

65. Ohayon MM, Crocker A, St-Onge B & Caulet M (1998). Fitness, Responsibility, and Judicially Ordered Assessments. *The Canadian Journal of Psychiatry*, 43, pp. 491-495.

66. Öjesjö L (1986). Law and Psychiatry: Scandinavia in the 1980s. *The Annals of the American Academy*. March, n.º 484, pp.144-154.

67. Palmer CA, & Hazelrigg M (2000). The Guilty but Mentally Ill Verdict: A Review and Conceptual Analysis of Intent and Impact. *The Journal of American Academy of Psychiatry and the Law*. Vol. 28, n.º 1, pp. 47-54.

68. Polónio P (1975). *Tratado de Psiquiatria Forense*, Coimbra Editora.

69. Portillo JU & Mezquita BV (1993). *Manual de Psicologia Forense*. Siglo Veintiuno de España Editores, S.A., Madrid.

70. Prins H (2001). "And now for something completely different" – Forensic Psychiatric Practice – a complementary view. *The British Journal of Forensic Practice*. July, Vol. 3, n.º 2, pp. 11-21.

71. Rogers R & Seman W (1983). The R-CRAS and Legal Insanity: A cross-validation study. *Journal of Clinical Psychology*, July, Vol. 39, n.º 4, pp. 554-559.

72. Rogers R & Shuman DW (2000). The Mental State at the Time of the offense Measure: its Validation and Admissibility under Daubert. *The Journal of the American Academy of Psychiatry and the Law*. Vol. 28, n.º 1, pp. 23-28.

73. Rogers R (1984). R-CRAS Rogers Criminal Responsibility Assessment Scales. *PAR – Psychological Assessment Resources, Inc.* USA.

74. Rogers R Dolmetsch R & Cavanaugh JL (1981). An empirical Approach to insanity evaluations. *Journal of Clinical Psychology*, July, Vol. 37, n.º 3, pp. 683-687.

75. Rogers R, Cavanaugh JL (1981). The Rogers Criminal Responsibility Assessment Scales. *Illinois Medical Journal*. 160 (3): 164 - 169.

76. Rogers R, Sewell KW (1999). The R-CRAS and Insanity Evaluations: a Re-Examination of Construct Validity. *Behavioral Sciences and the Law*. 17: 181-194.

77. Roskes E (1999). Offenders with Mental Disorders: A Call to Action. *Psychiatric Services* .Vol. 50 (12): 1596.

78. Roskes, E (1999). Offenders With Mental Disorders: A call to action. *Psychiatric Services*. December. Vol. 50, n.º 12, pp.1596.

79. Santos-Costa F & Morgado-Pereira J (2003). Algumas notas para a história da Psiquiatria Forense em Portugal. *Psiquiatria Clínica*, 24, (1): 21-25.

80. Sena AM (2003). *Os Alienados em Portugal*. Ed. Ulmeiro. Lisboa.

81. Shapiro DL (1999). *Criminal Responsibility Evaluations – A manual for practice*. Professional Resource Press. Sarasota, Florida.

82. Smit DVZ (2000). The Place of Criminal Law in Contemporary Crime Control Strategies. *European Journal of Crime, Criminal Law and Criminal Justice*. Vol. 8/4, pp. 361-376.

83. Sreenivasan S, Kirkish P, Shoptaw S, Welsh RK & Ling W (2000). Neuropsychological and Diagnostic Differences between Recidivistically Violent Not Criminally Res-

ponsible and Mentally Ill Prisoners. *International Journal of Law and Psychiatry*. Vol. 23, n.º 2, pp. 161-172.

84. STUART H, ARBOLEDA – FLÓREZ J, CRISANTI AS (2001). Impact of legal reforms on length of forensic assessments in Alberta, Canada. *International Journal of Law and Psychiatry*, n.º 24, pp. 527-538.

85. SZASZ T (2001). Mental illness: psychiatry's phlogiston. *Journal of Medical Ethics,* n.º 27, pp. 297-301.

86. TABORDA J, CHALUB M, ABDALLA-FILHO E (2004). *Psiquiatria Forense*, Artmed Editora, pp.31-41 e pp.119-127.

87. TABORDA, JGV (2001). Criminal Justice System in Brazil: Functions of a Forensic Psychiatrist. *International Journal of Law and Psychiatry*, n.º 24, pp.371-386.

88. THOMPSON M D, REULAND M, SOUWEINE D (2003). Criminal Justice/ Mental Health Consensus: Improving responses to People with Mental Illness. *Crime & Delinquency.* Janeiro: 30-51.

89. VON HOFER J (2003). Crime and Punishment in Sweden: Historical Criminal Justice Statistics 1750 – 2000. *Journal of Scandinavian* Studies *in Criminology and Crime Prevention.* Vol. 4, pp.162-179.

90. VON HOFER J (2004). Crime and Reactions to Crime in Scandinavia. *Journal of Scandinavian* Studies *in Criminology and Crime Prevention.* Vol. 5, pp. 148- 166.

91. WELSH A & OGLOFF JRP (2003). The Development of a Canadian Prison Based Program for Offenders with Mental Illness. *International Journal of Forensic Mental Health*, Vol. 2, n.º 1, pp. 59-71.

92 ZAPF PA & ROESCH R (1998). Fitness to Stand Trial: Characteristics of Remands Since de 1992 Criminal Code Amendments. *The Canadian Journal of Psychiatry*, 43, pp. 287- -293.

POSFÁCIO

O problema da responsabilidade criminal está intimamente relacionado com a perspectivação da imputabilidade e, em consequência, com a medida e a natureza das reacções penais justificáveis.

A tomada de consciência desta relação coloca problemas a vários níveis, tanto no plano científico, como no plano jurídico e, ainda, no diálogo que se deseja entre ambos.

Em primeiro lugar, coloca-se a dificuldade de reduzir o espaço da responsabilidade individual, que apresenta uma volumetria muito variável, a decisões jurídicas de operacionalização categorial – inimputabilidade Vs imputabilidade ou, quando muito, imputabilidade diminuída.

Como é sabido, mas pouco aplicado, a determinação da imputabilidade ou inimputabilidade não se resolve simplesmente com a descoberta de anomalia psíquica e da presunção que a pessoa podia ter agido de outra maneira. É necessário ir mais além e determinar, entre outros aspectos, se aquela pessoa, naquelas circunstâncias psíquicas e psicossociais, podia ter escolhido agir de outra maneira. Isto é dizer que a escusa da culpa objectiva ou a aplicação de sanções penais não pode constituir-se como uma mera reacção ao facto criminal, isolado-o da pessoa individual e das suas causas particulares. Pelo contrário, importa considerar que a responsabilidade criminal está distribuída por múltiplos factores que influenciam a pessoa e o seu comportamento, sem que a acção penal deixe, em muitos casos, de se justificar e sem que, noutros tantos, tal acção se justifique.

Em segundo lugar, este livro e o trabalho que a autora dá, por sua via, a conhecer, põem em realce a possibilidade de se alcançarem diferentes conclusões jurídico-penais conforme as posições adoptadas em torno do problema da responsabilidade criminal e, igualmente importante, conforme os métodos que a perícia psicoforense põe em prática para a sua aferição. O reconhecimento de que esta faceta do problema assume particular relevância em Portugal é um passo importante para que seja convenientemente atacado e minorado, não só porque a reflexão externa à doutrina jurídica é escassa, mas também porque a abordagem à avaliação dos factores mentais e comportamentais que pesam na responsabilidade criminal podem beneficiar de maior sistematização e uniformização.

Por fim, independentemente de decisão de imputabilidade ou inimputabilidade, depreende-se pelas teses da autora que o problema não se limita à decisão sobre a natureza e a dosiometria das penas a aplicar, mas deve alargar-se à reflexão sobre as medidas de ressocialização associadas, de modo a garantir um verdadeiro esforço integrador, que vá além da perspectiva utilitarista da protecção social. Estou convicto que uma deliberação jurídico-penal cientificamente bem informada consistirá no primeiro passo para intervenções melhor fundamentadas e faz parte do processo de mudança que tem vindo a conduzir o sistema judicial de um foco punitivo para um foco ressocializador.

O objectivo de quem pensa e aplica a lei não equivale ao objectivo científico de que tem de estudar e avaliar o comportamento. O trabalho científico aqui reportado tem impacto a montante da actuação jurídico-penal, convidando os peritos psicoforenses à inquietação: alerta-os para a importância de pensar métodos e aplicar procedimentos que possibilitem aos agentes judiciais a tomada de decisões bem informadas, tanto do ponto de vista penal, quanto das medidas de ressocialização associadas.

Se outro mérito não tivesse este livro e o trabalho que nele se dá a conhecer, teria servido pelo menos para apresentar modelos e métodos de avaliação da responsabilidade criminal e revelar empiricamente as possíveis consequências da sua variabilidade. Ao concretizar tal propósito, demonstra que o problema da responsabilidade penal não pode ser resolvido apenas pelos especialistas em ciências jurídicas, interpelando os cientistas e peritos psicoforenses a investigar sobre os melhores modelos e dispositivos para determinar até que ponto o indivíduo pode decidir e agir de forma diferente da criminal.

Esta linha de investigação é a melhor aposta se se pretende fornecer informação efectivamente vantajosa à tomada de decisões jurídico-penais e à reabilitação do agente criminal.

Porto, 12 de Abril de 2007

FERNANDO BARBOSA
Professor da Universidade do Porto

INDICE

	pág.
PREFÁCIO	9
RESUMO	13

PARTE I: ENQUADRAMENTO TEÓRICO-CONCEPTUAL

I. Introdução ao estudo e seu fundamento	17
II. Avaliação Psicoforense, Saúde Mental e Responsabilidade Criminal – abordagem histórica e transcultural	23
1. Questões Éticas na Avaliação Psicoforense	23
2. A Avaliação Psicoforense em Portugal	30
2.1. Evolução Histórica	30
2.2. Noção de Responsabilidade Criminal e conceitos afins	41
2.2.1. Imputabilidade	44
2.2.2. Imputabilidade Atenuada	45
2.2.3. Inimputabilidade	48
3. A Avaliação Psicoforense no Brasil	56
3.1. Evolução Histórica	56
3.2. O Sistema de Justiça Criminal	61
3.2.1. A Responsabilidade Criminal	63
3.2.2. Situação Processual da Pessoa com Doença Mental	65
4. Os Sistemas de Justiça Anglo-Saxónicos	69
4.1. Evolução Histórica	69
4.2. Noção de Responsabilidade Criminal e conceitos afins	80
4.2.1. Padrão de Insanidade Mental ("ALI Standard of Insanity")	81
4.2.2. Culpado mas Com Doença Mental – GBMI	84
4.2.3. Padrão de Insanidade Mental de M' Naghten	89
5. Os Sistemas de Justiça Nórdicos	90
III. Síntese dos aspectos comuns entre os vários Modelos de Responsabilidade Criminal e implicações para as práticas em Portugal	97

164 *A Doença Mental (des)culpada*

PARTE II: ESTUDO EXPLORATÓRIO

I. Introdução ao trabalho de campo 103
II. Metodologia 105
    1. Descrição do Estudo 105
    2. Material e Método 106
        2.1. Amostras: caracterização e critérios de selecção 106
        2.2. Métodos e Instrumentos de Avaliação 111
            2.2.1. Entrevista Clínica 111
            2.2.2. R-CRAS (*Rogers Criminal Responsibility Assessment Scales*
                 – Versão Portuguesa) 111
            2.2.3. Matrizes Progressivas de Raven 124
    3. Procedimentos 126
    4. Método Estatístico 129

III. Resultados 131
    1. Estatística Descritiva 131
    2. Estatística Diferencial 133

IV. Discussão e Comentários Finais 139

V. Referências Bibliográficas 153

POSFÁCIO 159